話し方が上手い人は知っている

あなたの話が「伝わらない」のは声のせい

アナウンサー
キャリアカウンセラー
墨屋那津子

飛鳥新社

突然ですが、次の文章を読んでみてください（心の中で読んでもOKです）。

大勢に1回でしっかり伝わるつもりで読みましょう。

■今日、待望の新商品のリリースが発表され、すでに多くの取引先から問い合わせが来ています。

どうでしょうか？　多くの方が無意識に人前で「左ページの上の図」のような話し方をしています。

けれども、話し方が上手い人は、「下の図」のような話し方を無意識にしています。実は、少し工夫するだけで「下の図」のような、確実に伝わる話し方が一生できるようになります。

その理由と方法を、本書で明らかにします。

あなたの話し方が劇的に変わることを保証します！

多くの方が無意識に
↓こんな話し方になっています。

話し方がミンチ状
（バラバラ）

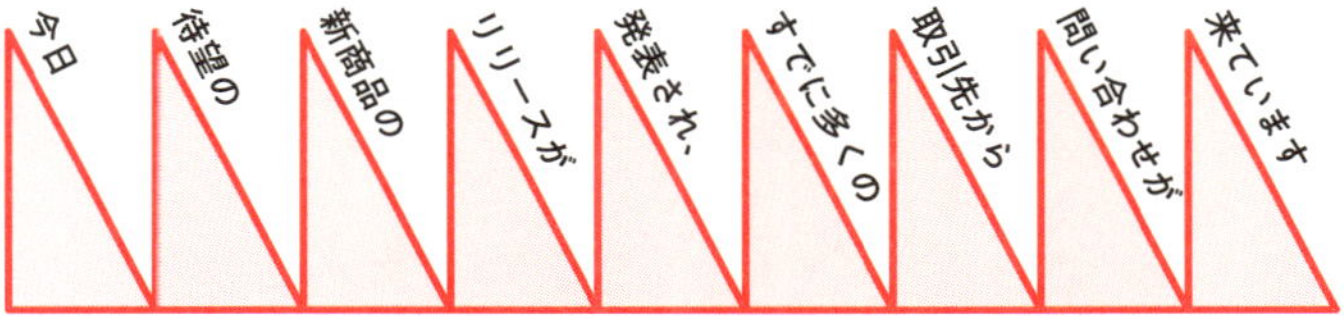

実は、↓のような話し方のほうが
確実に相手に伝わります。

話し方がステーキ状
（まとまっている）

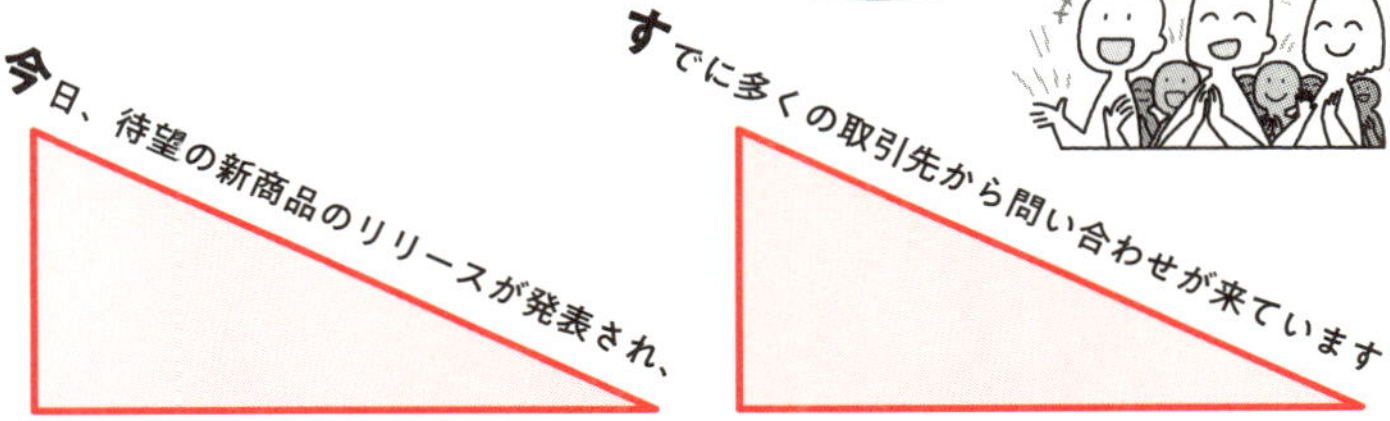

話すって、難しいと思いませんか?
私自身、小さい頃から話すことに悩んできました。
話し方の本を読んで、いろいろなテクニックを試しましたが、
なかなか思うようにはいかなくて……。
「やっぱり、話し方が上手な人って才能があるんだろうな」
と、どこかあきらめていたんです。

でも、もっとシンプルで、誰にでもできる簡単な方法があったら
どうでしょう?
もし……、
従来の話し方のテクニックがいらず、才能も関係なく、
ただ言葉を口にした瞬間に伝わり方が変わり、
周囲からの印象がよくなって、
人生そのものまでよくなるとしたら?

それが、私が長い試行錯誤の末にたどり着き、
本書にまとめた**「スミヤメソッド」**です。
このおかげで、私は声のプロを指導するまでになりました。

さらに、これまで指導してきた数千人もの話し方を劇的に
変えてきたのです。

誰でもできます。
ほんの少し「声の使い方」を変えるだけで、あなたの話はしっかり
伝わり、望む未来を手に入れられるのです。

今回、その方法を初めて本にまとめました。
ぜひ多くの方に知っていただきたいと思っています。

なぜなら、**「声」はこれからもずっと、あなたの人生に関わる**からです。

●本書で得られる効果

・仕事で売り上げが上がる
・話すことに自信が持てる
・自分の提案や意見が通るようになる
・セミナーやライブ配信で人気に
・自分の名前を覚えてもらえるようになる
・就活や転職活動がスムーズに進む
・人と話すときのストレスが減る
・仕事・人間関係が好転！
・プレゼンや説明がうまくいく
・婚活がうまくいく

＊このように、日常生活から仕事、恋愛まで、幅広い場面で効果を発揮します！

●本書の使い方

・すべてのメソッドを一度に試す必要はありません。興味がわいた1つを実践するだけでも大丈夫です。

・32ページの声の「負の印象」診断でチェックがついた項目だけを取り組んでもかまいません。

・気が向いたときに、「ちょっとやってみようかな」という軽い気持ちで取り組むだけでもOKです。

・本書には各所にQRコードが掲載されています。スマートフォンでコードを読み取ると、筆者による1分程度のレッスン音声を聞けます。

＊たとえゆるい実践でも、あなたの人生に変化をもたらす1冊です！

第1章 大事なのは話し方のコツより「伝わる声」

第3章　スミヤメソッド②
「伝わる滑舌」でわかりやすさと自信を手に入れる
滑舌は瞬時によくなる！
―きゃりーぱみゅぱみゅって言えますか？―

第4章　スミヤメソッド③「伝わる声」で信頼感を手に入れる

誰でも最高の声が手に入る

第5章　よくある声の悩み別！　スミヤメソッドで即解決

巻末付録　スミヤメソッド式伝授！　話し方に関するQ&A

プロローグ

声は誰でも一瞬で変えられる

あなたはこんな悩みを抱いたことはありませんか?

- 営業、接客業なのに、話し方がうまくない気がする。
- 大事なプレゼンや会議で何度も「え?」と聞き返される。
- とてもよい意見を言ったはずなのに、相手が全然聞いていない。
- 言ったことが伝わっていない。
- 話すのが苦手で、どうしても自信が持てない。
- 自己紹介が苦手。相手の反応もいまいちで名前も覚えてもらえない。
- 自分の提案や意見がなぜか通らない。
- セミナーやライブ配信でなかなか人が集まらない。

実は私も同じ悩みを抱えていました。

こういったことがあったとき、かつての私は「間違ったことは言ってないのに、なんで伝わらないの？」と思っていたのです。

同じように、「なんで聞いてもらえないのだろう？」と思っている人もいるのではないでしょうか。

本屋さんに行くと、話し方やコミュニケーション術の本がたくさん並んでいます。

それらの本にはたとえば、「相手の聞きたい話をしよう」「盛り上がる雑談をしよう」「上手にほめよう」など、役立つことが書いてあります。

でも、実際にはこうしたコミュニケーションの悩みの解決策は、なかなか見つからないものです。

「言っても伝わらない」理由とは

実は、話し方の本ではあまり触れられていませんが、**話し方より、話の中身より、まずは「声」が重要**なのです。

声が受け入れられないと、どんなに上手に話しても相手に届かないことがあります。

実際、声が心地よいと、相手の心にスーッと言葉が入り、安心感や信頼感を与えるとわかっています。

アメリカの心理学者、アルバート・メラビアンが提唱した**「メラビアンの法則」**によると、コミュニケーションにおいては聴覚情報（声）が約４割の割合で影響を与えるとされています。

コミュニケーションは声が約４割！

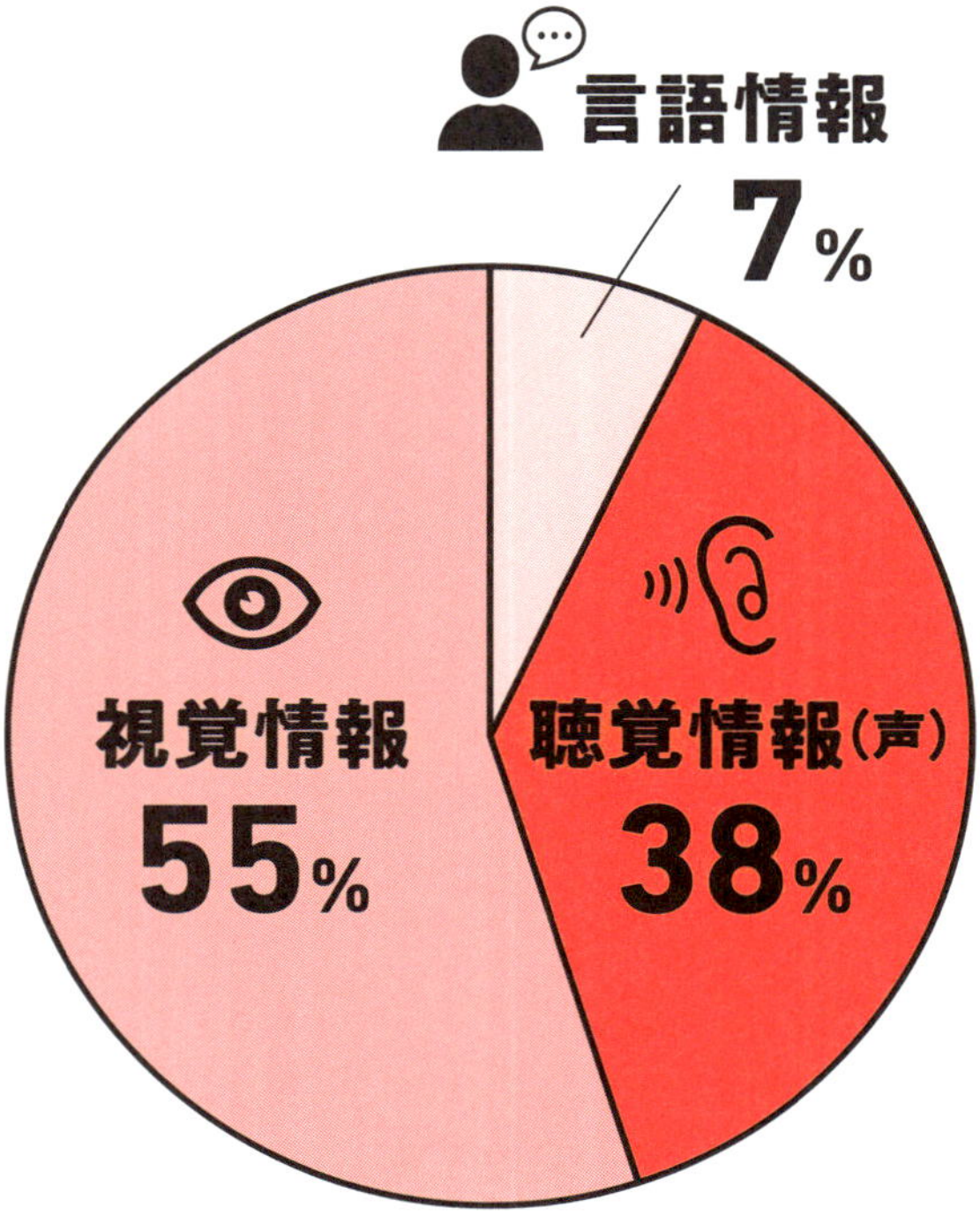

コミュニケーションにおいては聴覚情報（声のトーン・速さ・大きさ・口調など）が約４割も影響を与えることがわかっている。

言語情報（話す内容）は1割未満なのです。

だから、まずは最初に重要になるのは**「声」**なのです。

声には言葉だけでは伝わらない、**コミュニケーションの土台（信頼感や説得力）が隠れています。**

声が言葉の力を底上げする

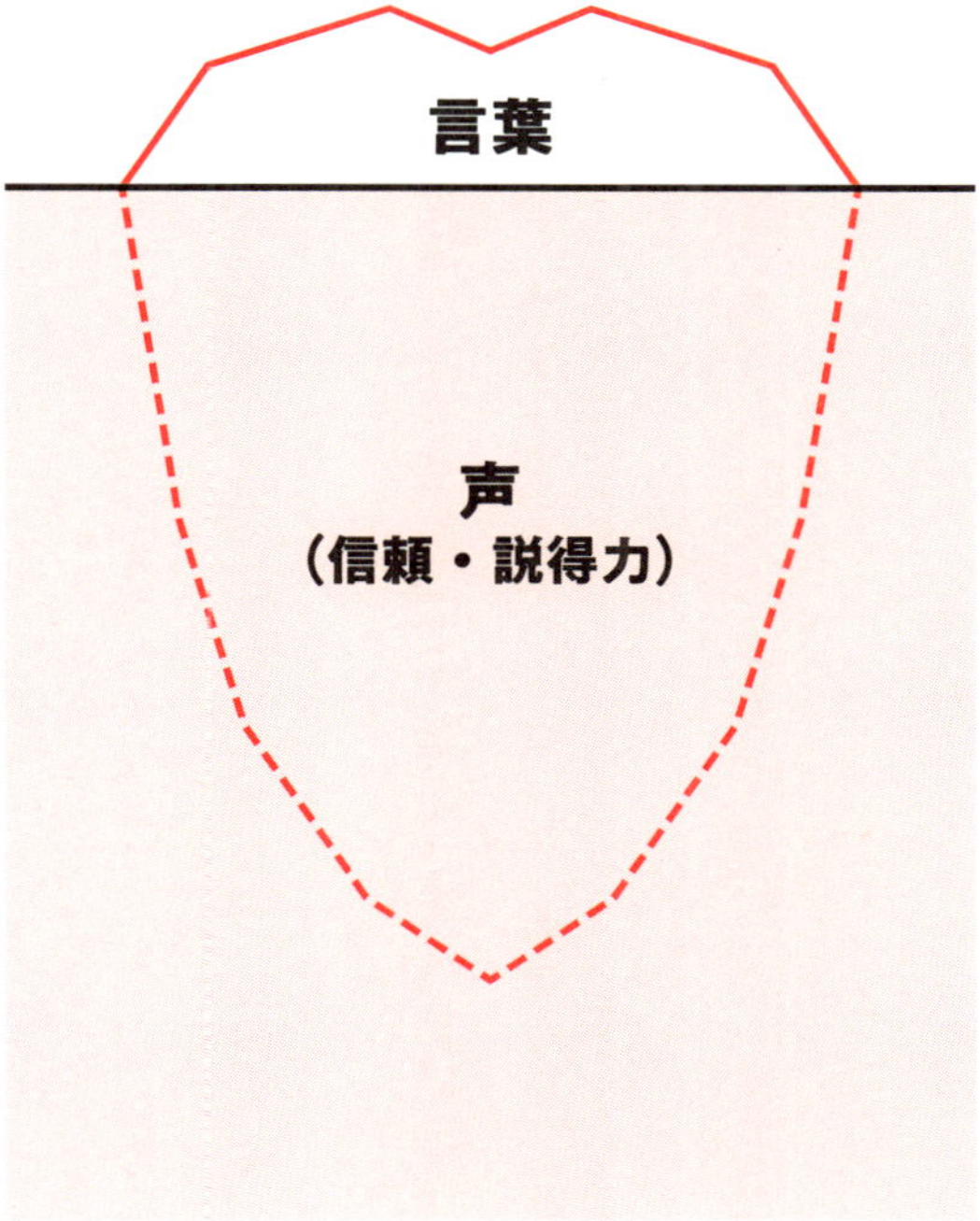

海面に浮かぶ氷山のように、表面は言葉だけが見えているが、実は隠れている声が信頼・説得力を上げる！

にもかかわらず、ほとんどの人は声にあまり関心がありません。

もしかしたら、**「声なんてそんな簡単に変えられません」**とか、**「自分の声は〝イケボ〟ではないし、自信ありません」**と思っていませんか？

声に自信がない方でも大丈夫。誰でもすぐによい方向に変えられます。

厳密に言うと、声を変えるのではなく、「声の〝出し方〟を変える」「声の〝印象〟を変える」だけ。

これはどなたでも簡単にできますし、ちょっと変えるだけで、人からの印象も劇的に変わるのです。

そんなこと信じられませんか？

では、根拠を私が実際に見てきた例で、まずお伝えします。

1回のボイトレで人生が好転した方たち

私は30年以上にわたって声のコミュニケーションのプロとして、国内外の要人や起業家、会社員など、さまざまな方の悩みを解決してきました。

私のボイストレーニングを受けて声が変わった人たちは、どんどん人生が好転していきます。

たとえば、こんなふうにです。

インスタグラマー「**頭が悪そうとか何を言ってるのかわからない**と言われるのが悩みでしたが、たった1～2時間のトレーニングで話し方が大人っぽく、エレガントになれてうれしいです！　フォロワー数や閲覧数もぐっと増えました」

会社員「営業マンですが、クライアントからよく**『何を言ってるかわからない』**と言われていました。今では話し方に自信が持てて、営業トークも上手になり、売り上げも上がっています」

弁護士「裁判官から『えっ？』と聞き返されてばかりで、自信を失っていました。でも**滑舌《かつぜつ》や声量など全部改善**しました。ボイストレーニングを受けてから独立。開設した弁護士事務所も依頼がひっきりなしです」

起業家「元々話すのがとても苦手で、克服したいと思っていました。トレーニングを受けてから4年ほどですが、今は**年100回以上有料講演の依頼**が来ます。プロとしてお金をいただいて話せるというのが、私の大きな財産です」

俳優「**元は会社員で、あるときから俳優を目指すことにしました。**声が全然通らなくて最初は俳優にはまったく向かない声でしたが、落ちて当たり前のオーディションに次々と受かり、今回3作目、しかも準主役になることができました」

ネイルサロン経営者「声が低くてかわいい感じでないのがコンプレックスでした。影響力があって共感されるエレガントな声が理想でしたが、地声でもいいというメソッドにびっくり！『高い声のほうがよい』という呪縛から解放されました。今は**売り上げが伸び、お客さまからの信頼度も向上しました！**」

学生「3人グループで、就活のビデオ面接対策レッスンを受けました。話し方、面接中の目線などを習い、**3人とも第一志望に合格しました！**」

声優「高い声が自分の武器と思っていましたが、自分本来の声は思っていたより低いとわかりました。声がとても出しやすくなり、**飾らずに人と会話できるようになりました。**仕事も順調です」

ナレーター「**声をつくっている、伝わらない**、と人に言われ、悩んでいたのですが、声が自然に出るポイントを見つけられました」

薬局勤務「大勢の前で話すとき**『声が暗い』**と言われるのが悩みだったのですが、地声の出し方のコツをご指導いただきました。最初の言葉にエネルギーをのせて相手に伝えればいいとわかり、朝会の司会も苦でなくなりました」

医療介護職「話し方が変わって人をイライラさせなくなり、**介護訪問先でもとても働きやすくなりました**」

ヨガインストラクター「**滑舌って一瞬でよくなる**んですね！『はっきり・ゆっくり・高めに』話さなくてはいけないと思い込んでいましたが、違いました。教わった通りの話し方をしたら生徒にすごく伝わるようになってびっくりです！」

なぜ、こんなふうに仕事、お金、人間関係などが好転するのでしょうか。

それは、私が30年の研究と経験から見つけた**「スミヤメソッド」**のおかげです。

「スミヤメソッド」は、次のたった3つのポイントで自分らしい唯一の声を見つけるシンプルなノウハウ。

①「伝わる話し型」

言葉の意味が確実に伝わる話し方の型（説得力）が手に入る。

②「伝わる滑舌」

滑舌がよくなり、わかりやすさと自信が手に入る。

③「伝わる声」

相手に心地よい声（信頼感）が手に入る。

即効性があるので、3つのうち1つをほんの少しでも実行できれば、コミュニケーションが一変します（3つそろったらすごいです）。

すでに2000人以上が実践しています。

これを使わないのはもったいない！

今まであなたがその声の潜在的な力を意識していなかっただけ。

しかも、これらは本書を読むだけで、子どもから大人まで誰でも実践できます。

あなたの声は世界一の〝いい声〟です

私のボイトレを受けた人のほぼ全員が、最初に「自分の声が好きじゃない」と言います。しかし、私からすると「よくない声」の人なんて一人もいません。

全員が世界一の〝いい声〟なんです。

過去に誰かから言われた声や話し方についての指摘が心に残り、ずっと自信がないままの方もいるようです。

たとえば、クラスで発表している最中に「声が聞こえません（笑）」とからかわれた。友達から「聞きづらい」と言われた――。

ボイトレの生徒さんにもこういう体験をした人は少なくないですし、私も似たようなことを10年以上引きずりました。

しかし、考えてみてください。過去にあなたに声や話し方の指摘をした人は声や話し方のプロでしたか？　あなたの人生を左右するほどの人？

声は呼吸そのものが原動力なので、**心をしばっているモヤモヤを解消すれば、その瞬間に大きく変わります。**

自信が戻るのです。

そもそも、声が高くても低くても、どんな声でも、それが自然にリラックスして出てくる声であれば、その声は**あなたにとってかけがえのない価値**があります。

あなたの声は、あなたの体から生み出される「生命の音」であり、唯一無二のものなのです。

この本を手に取った今、そうした過去の指摘から自由になって、自分の声に自信を持っていいのです。

声の「負の印象」を取り除くだけで、人生がもっと輝く！

実は、声には伝わらない原因となる**「負の印象」**が隠れていることがあります。

次ページのチェックリストで、自分はどうか確認してみましょう。

声は言葉の伝わり方を大きく左右しますが、自分の声がどうなのか自覚している人はあまりいません。高い声で明るく伝えたら「軽い」と思われたり、一生懸命伝えたら「怒っている」と思われたり……。

こういった声の「負の印象」を手放すことは、最短で大きな成果をあげる、もっとも効率的な方法です。まずは気づくことからはじめましょう。

あなたの声は伝わってる？ 声の「負の印象」診断

□「え？」と聞き返されることがある　↓2章へ（3、4章も）

□声が小さい・大きい　↓4章へ（2、3章も）

□かすれる　↓4章へ（2、3章も）

□うわずる　↓4章へ（2、3章も）

□早口　↓3章へ（2章も）

□話していて息が続かなくなる　↓4章へ（2章も）

□滑舌がよくない　↓3章へ（2章も）

□よく聞き間違いをされる　↓2、3、4章へ

□ビジネスなどの場で、ふだんより少し高い声を出している　↓4章へ（2章も）

□ビジネスなどの場で、言葉を区切って話している　↓2章へ（4章も）

□怒っているように思われてしまう　↓2、4章へ

□信頼関係の構築に時間がかかる　↓2、4章へ

□言っても聞いてくれない　↓2章へ（4章も）

□棒読みだと言われる　↓2章へ（4章も）

□アニメ声だと言われる　↓2章へ（4章も）

以上に1個でも心当たりがあれば、本書が役立ちます。まずは当てはまる章を1つ読むだけでもかまいませんし、順番に1〜4章を読んでもOKです。それぞれの章で解決策を知り、「伝わる声」を手に入れましょう。

本書によって、**「スミヤメソッド」を身につけて、相手に伝わらない声＝「負の印象」を取り除くだけで、好印象になります。**

そして、まるで雲が晴れるようにあなた本来の声が朗らかになります。

伝えたいことが相手にスッと伝わるようになるでしょう。

声は人の心を開けるカギ

声の役割は言葉を音で伝えるだけではありません。

あなたの人柄。

今、口にしたことが本心かどうか。

信頼に値する人かどうか。


それらを自然と伝える力があります。

私たちは日々、声を聞いてどんな人かを直感で判断しています。

だからこそ、「伝わる声」をつくれれば、それは強力なコミュニケーションツールとなります。

声は「人の心を開けるカギ」になりうるのです。

「お世話になります」

「はい」

「ありがとうございます」――。

こんなシンプルな言葉に信頼感と説得力が宿り、とたんにパワーを持ちはじめます。**ビジネスやプライベートで相手から選ばれるようになります。**

気の利いた言葉や表現は必要ありませんし、演じる必要もありません。

今のあなたらしいままで、とてもよい声になります。

誰からも好かれる人は声が違います。

声はあなたをＰＲしてくれる最強で唯一無二のコミュニケーションツールになりうるのです。

多くの人が「伝わる声」になっていない

声がこれほど重要であるにもかかわらず、**多くの人が「伝わる声」になっていないのが現実**です。

なぜなら、習ったこともないし、誰にも聞けないからです。

そのため、ほとんどの人が声や話し方の迷子になっています。世間で言われている話し方のコツを参考にして、自分なりに好印象を持たれようとしています。

昔の私もその一人でした。

声の高低を変えてみたり、「明るくハキハキ」話すことを意識したり。「抑揚（声の調子を上げ下げすること）をつけなければならない」と思っている人も多いでしょう。特に、接客業や営業職では自然な声で話すのを避ける傾向にあります。

また、たとえば、日本人女性の声は海外と比べて高いと言われるのは、自分の母親が電話や人前で、**「よそいきの高い声」**に変わるのを聞いて育った影響があるかもしれません。

でも、わざわざ声を高くする必要はないのです。

実は国際的には、**ビジネスなどのフォーマルな場でも、「地声」がよい**とされています。

むしろ、高い声は知的でないとか、幼稚なイメージとなる可能性があり、一方で低い声は信頼されるイメージとなります。

また、多くの日本人が自分の声を嫌いだと感じているため、知らないうちに本来の自然な声とはかけ離れた声を使っていることもあります。

声だけで人生が好転する理由

ほとんどの人は、ビジネスや婚活、就活などの重要な場面で、緊張が原因で不自然な声になっています。しかし、「不自然な声」という自覚はありません。

こうした**不自然な声は、実は相手にとって心地よいものではありません**。自然でない声は、相手に無意識のうちに違和感を与えてしまうのです。

自分に合った自然な声であれば、心地よい音楽のように、相手に安心感や信頼感を与えます。相手との心の距離が近くなるのです。

自分の伝えたい情報も、ダイレクトに伝わるようになります。

それが、「はじめに」でお伝えした会社員の方、弁護士さんやインスタグラマーさんなどの成功例につながっています。

声が武器になった私のキャリア

声で人生が変わることを伝えるために、ここで私の自己紹介をさせていただきます。

私は以前はＮＨＫのアナウンサーでしたが、今では声のプロとして活動しています。しかし、かつてはコンプレックスのかたまりでした。５歳の頃、方言をからかわれて傷ついたことがあり、話すこと自体が怖くなってしまいました。自分の声が好きではなく、高めのテンションをつくって生きてきました。

ところが、大学生時代に人生が一変します。

芸能事務所から「ボイストレーニングを受けてみない？」とすすめられ、６カ月間、特訓を受けたのです。その結果、**つくっていた高い声から本来の地声へと**

変わりました。その声がきっかけで、テレビCM、NHKや民放の番組に出るなどして、声のキャリアをスタートさせました。

大学卒業後は新卒でNHKにアナウンサーとして入局し、ニュース番組などの経験を積み、退局後もNHKで、ニュースなどいろいろな番組の生ナレーションを担当しました。

その後、のどを痛めて2カ月ほど声を失ったのですが、その喪失感は大きく、自分の声がどれほど大切で唯一無二のものなのかを痛感しました。医師にもどうにもできない状態の中、声が2カ月後に戻ったときはホッとして泣きました。こんなことがあり、私が自分本来の声を生かすことにこだわって生み出したのが、**「スミヤメソッド」**です。

このメソッドで、テレビなどのお仕事のほかに、声優やアナウンサーといったプロの方やインスタグラマーなど声を使う方向けにボイストレーニングをしています。

また、企業や大学からお招きいただき、声や話し方についての講義をしたり、今後は一般の親子向けの講座も開いてみたいと思っています。

私だけでなく、学んでくれる多くの方の人生にも大きな変化が見られます。生徒さんたちからは**「人前で話すのに緊張しなくなった」「声以外変わってないのに、ムリに営業しなくても仕事が次々と舞い込むようになった」「自分の声が好きになった」**といった嬉しい声をいただいています。

私が今こうしたお仕事ができているのも、みなさんの人生が変わったのも、まさに「声の力」だと考えています。

声色をつくらず、体から生み出される自然の音こそ、人の心を動かす信頼のカギなのです。

ほとんどの人は声の潜在的な力を眠らせたままなので、ぜひ本書で声の力を武器にして、人生を大きく動かしていただきたいと思っています。

あなたも本書を読むだけで話し方がうまい人になる

本書では、この「スミヤメソッド」を、営業や接客をされている方やインフルエンサー、起業家の方、または婚活、就活をされている方など、「伝え方がうまくなりたい」というニーズにこたえる形で、書籍用に図や音声を入れるなどアレンジしてお届けします。

メソッドがめざすのは、たった3つ。

①伝わる話し型で「説得力」を手に入れる
②伝わる滑舌で「わかりやすさと自信」を手に入れる
③伝わる声で「信頼感」を手に入れる

そんなに難しい方法ではありません。

むしろ**子どもでもできるような内容ばかり**です。

声に能力の差はありません。効果的な使い方を知っているかどうかだけ。

自然な声で1つの型に言葉をあてれば、スラスラと相手に伝わるのです。

これは日本語が母国語でない方にもできた、再現性の高いメソッドです。


「伝わる声」が身につけば、同じことを話しても、説得力が出ます。

堂々とした人、自信あふれる人に見られます。

周りの評価が不思議なくらい上がります。

もちろん、自分でも自信が持てます。

自分の声も好きになります。さらに周りの人を幸せにする余裕も生まれます。

こんなにメリットがあるのです。

声は楽器ですから、今までの声が響かないピアノだったとしたら、本書によって、すべての方がグランドピアノにバージョンアップします。

すると、人生で発する言葉の伝わり方がすべて変わります。

あなたの強みが、もっとダイレクトに伝わるようになります。

話しベタな人、話し方に自信がない人、理路整然と話せない人、口数の少ない人でも大丈夫。

特別にアピールしなくても、周りが自然とあなたを見いだします。そして人間関係もうまくいくようになるでしょう。

●音声レッスンについて

※本書に掲載されているＱＲコードを読み取ると、
筆者による1分程度のレッスン音声をネットで聴けます。
本書の文章だけでも内容は十分理解できますが、音声を聴くことで筆者の声やニュアンスを直接感じ取れ、より深く理解できます。

※本書に掲載されているＱＲコードは、書籍をお買い求めになるまで読み取りはしないでください。

※ＱＲコードに関するお問い合わせは
https://www.asukashinsha.co.jp/contact/
までお願いします。

墨屋's
レッスンは
ここから!

第1章

大事なのは話し方のコツより「伝わる声」

「伝わる声」は「風鈴の音」のようなもの

私が講師の一人を務めているナレーター養成学校「スクール　バーズ」の義村《よしむら》透《とおる》学校長は、「伝わる声」はたとえるなら**「風鈴の音」**のようなものだと教えています。

窓辺に風鈴をつるしておくと、風鈴は風にゆられて涼しげな音を出しますよね。

けれども、手で風鈴を押さえつけたらどうなるでしょう？

そうです。音がまったく響かなくなります。

私たちの体も同じで、ガチガチにこわばっていたら響きのある声は出ません。

メンタルが緊張していたり、「失敗したらどうしよう」「うまく話せないかもしれない」といった不安や、「よく見せたい」という欲を抱えていても、風鈴を押さえるのと同じで、やはり「伝わる声」は出にくくなります。

「伝わる声」の特徴の1つは、**「心も体もリラックスしたときに出る、響く声」**です。

「伝わる声」には、不自然さや力みといったクセがなく、相手にストレスを与えません。そのため、相手があなたの話に集中でき、話をよく理解できます。

たとえば、初対面の人と話すとき、人前でプレゼンするとき、面接前やその本番中など、どうでしたか？

「うまく話せるかな」

「ゆっくり、ハキハキを心がけよう」
「みんなに聞こえるように大きな声を出さなくては」
「覚えた言葉が飛んじゃったらどうしよう」
「相手が退屈そう。私の話がつまらないからだ……」

話し方に自信がない人ほど、本番が近づくにつれて緊張が増し、息が浅くなり、肩が上がり、体がこわばってしまうことがあります。

そうして、その状態で発した第一声は、おそらく緊張した小さな声だったり、かすれ声だったりしたのではないでしょうか。

心身ともにリラックスしていなければ、息も浅くなり、「伝わる声」は決して出てこないのです。

成功者は、ふだんの声と本番の声が同じ

私が仕事でご一緒した成功者たちも自然体の人がほとんどでした。**一流であればあるほど、ふだんの声と本番の声は一致している**ように感じます。

私の身近でもっとも伝わるいい声の人は誰だろうと思い浮かべたとき、真っ先に浮かぶのがＮＨＫの同期だった有働由美子《うどうゆみこ》さんです。

ニュースのときもプライベートでもまったくブレないその声は、入局以来変わらず。

その声が持つ力で、つい悩みを相談したくなる存在です。

彼女のように、声を通じて信頼を築けるのは一流の証《あかし》だと思います。

他に、ものすごい数の講演をされている『7つの習慣』の訳者で講演家のジェームス・スキナー氏、リッツ・カールトン初代社長の高野《たかの》登《のぼる》氏らも、お茶をご一

緒するときと講演本番の声が同じです。

たとえば私が、生放送の『ニュースウォッチ9』の本番1分前にしていたこと、わかりますでしょうか。

実は「お食事すませましたか?」「え〜、そうなんですね!」などとスタッフたちと雑談していました。「伝わる声」には緊張が何よりよくないとわかっていますから、あえていつも通りに雑談をして、リラックスして声が出るように心がけていたのです。

ビジネスでもプライベートでも、人は「リラックスした人」が好き

今の時代はビジネスでもプライベートでも、人はリラックスした人、つまり自然体でいる人を好みます。

ムリにキャラをつくったり、相手に合わせて好印象を得るのは現代ではむしろ

難しくなっています。

あなたの周りのうまくいっている人を思い浮かべてみてください。

理由ははっきりしないけれども、なんとなく信頼できて、ついいろいろ話してしまう人、また会いたいと思わせる人がいるのではないでしょうか。

そういう人はたいてい、自然体なのです。

どんなときも一貫して同じ声でいるほうがいい。心身がリラックスでき、相手にも信頼感を与えられます。

私のボイトレを受けた生徒さんにアンケートを取ったところ、ほぼ全員が**「信頼されるようになりたい」**と答えています。

自然な声で、自然な話し方をする。

それが好印象になり、信頼されるためのもっとも確実な方法であり、「伝わる声」の原則です。

「伝わる声」は「地声」を少し格上げするだけ

「伝わる声」には深い呼吸が伴うので、心身がリラックスしていきます。

このときの声には力みがありません。深呼吸しながら話をしている感覚なので、自分自身が心地よいのです。

疲れにくいので話すことにも集中できます。

まるで気心の知れた友人と長時間おしゃべりしているときのように、自然に声を出せるのです。

「伝わる声」のベースは地声です。

こう言うとほとんどの人が「え！　地声でいいんですか？」と驚きます。

「地声は人前では失礼なのでは」「人前ではきちんとした声でないと」と多くの

人が思っているようです。

でも実は、ＮＨＫのアナウンサーも新人研修では「地声をベースに」と教えられるのです。

ただし、ただの「地声」は、親しい友達同士の会話には問題ありませんが、ビジネスや婚活のシーンのようなフォーマルな場では、**声量が足りないため、相手に不機嫌そう、暗い、だらしないといった印象を与えてしまう**ことがあります。

「伝わる声」と、ゆるい地声は別のものです。

「伝わる声」を出すためには、地声に「しっかりとした呼吸」がともなっていなければならないのです。

「伝わる声」を手に入れるための具体的な方法は第４章でくわしく説明しますが、**「地声」は、「伝わる声」のための重要な第一歩**となります。

「地声を格上げ」＝「伝わる声」です。とてもいい声です。

「伝わる地声」と「ゆるい地声」の違い

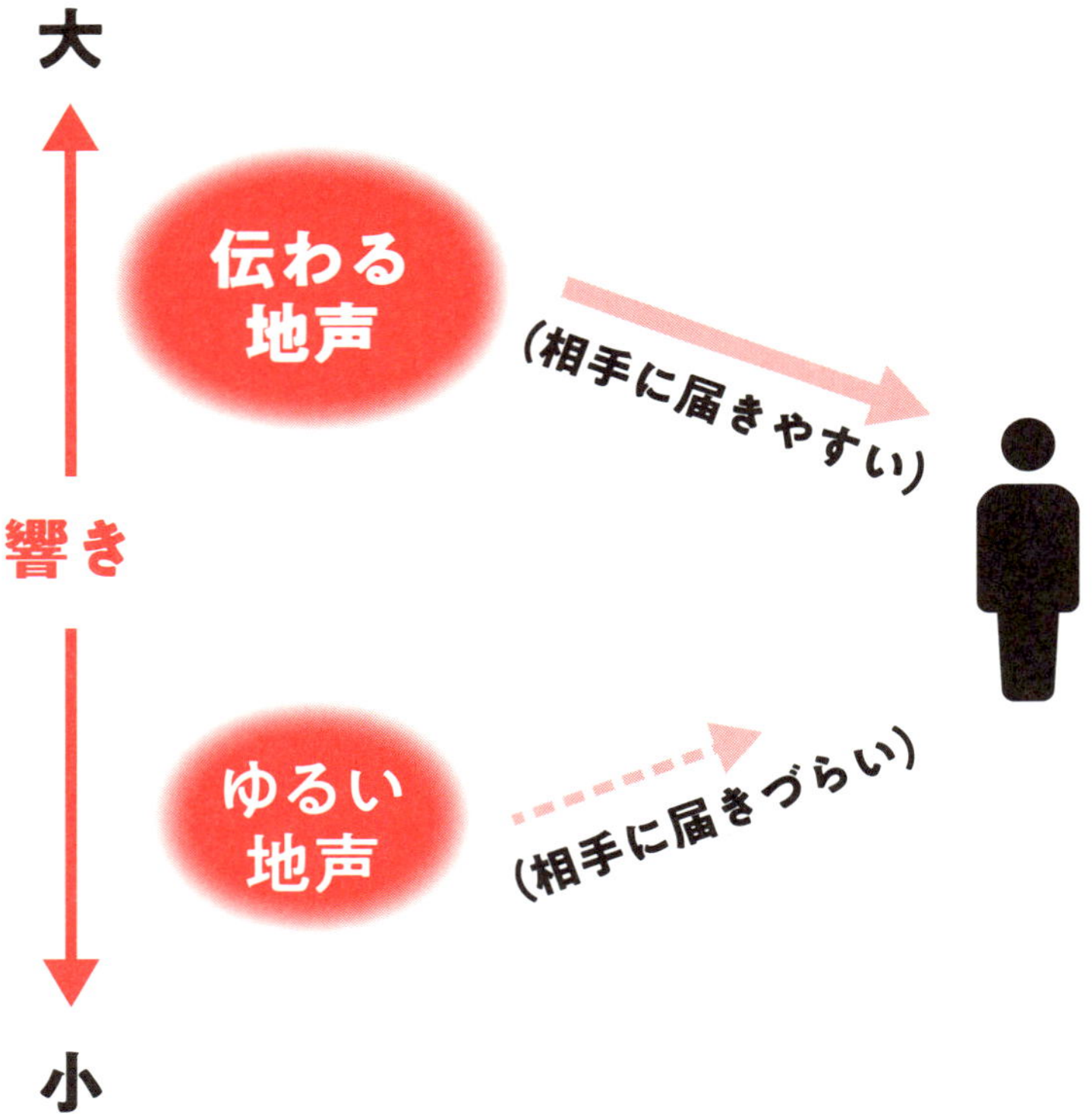

同じ地声でも「伝わる地声」は響きが大きいので、普段の「ゆるい地声」より相手に届きやすい！

伝え方の「4つの思い込み」を捨てよう

私のボイトレに来てくださる、話し方で悩んでいる方のお話を聞いていると、ほとんどの方は好印象を持ってもらうために、声や話し方について、さまざまな「思い込み」にとらわれているようです。

「伝え方の思い込み」とは、たとえば次のようなものです。

伝え方の思い込み①　シーンや相手によって声色や話し方は変えるもの
伝え方の思い込み②　「くっきり・はっきり」話せば、すごくよく伝わる
伝え方の思い込み③　気の利《き》いたことを言わなければならない
伝え方の思い込み④　話の中身さえよければ、飾らない話し方でも問題ない

これらの思い込み①〜③は心身を緊張させて、風鈴を押さえるかのように「伝わる声」を妨げています。一方で、思い込み④は「伝わる声」の重要性が軽視されています。

だからこそ、まずはこの「4つの思い込み」を捨てましょう。そして心の負担を軽くすることからはじめてください。

思い込み❶ シーンや相手によって声色や話し方は変えるもの

↓

◎声色や話し方は変える必要がない。むしろ、一貫性があるほうが信頼される。

「この人の前では明るく」とか「あの人には声を張らなくては」など、シーンや相手によって声色や話し方を使い分けるのは、かなり高度なテクニック。声色を使いすぎると信用されない場合もあります。

仕事でもプライベートでも、声を使い分ける必要はありません。たとえば、「人前で話すときは、がんばって声を明るく」などと意識すると、それだけで心身にストレスがかかります。

昔は、電話をかけるときやよそゆきの場面では、声を高くしたり、大きくしたりするのが普通だったかもしれません。

でも、今の時代は違います。仕事でもプライベートでも、声は一貫していたほうが相手に信頼されるのです。何より、自分自身がリラックスして話せるようになります。

シーンや相手によって声を変えなくてはという「昔からの思い込み」は、もう捨ててしまって大丈夫です。

自然な地声が「伝わる声」の第一歩です。

そのため、本書ではムリに声を変えるようなトレーニングはしません。

ただし、地声のままだと、ビジネスや人前に出るような場面で、不機嫌に聞こえたり、だらしなく感じられる場合があります。

そこで少しトレーニングをして、地声に息をプラスして「伝わる声」に格上げする必要があります。

その方法は、第4章でくわしく説明します。

思い込み❷「くっきり・はっきり」話せば、すごくよく伝わる

↓◎自己流で「くっきり・はっきり」話すことは、逆効果になるケースもある。

人前で話すときには「くっきり・はっきり」を意識したほうがいい、とよく言われます。

その結果、多くの人が文章をブツ切りにして、一言一句を強調した子どもっぽい音読のような話し方になっています。

たとえば、私のボイトレでは生徒さんに、

「ハワイの　青い海が　美しい」

という文章を、大勢の人に伝えるように読んでみてください、とお願いしています。

すると、90％の人が、

「ハワイの」
「青い海が」
「美しい」

といった具合に分けて読みます。

こんなに短い文章なのに、ひと息で読まず、切るほうがいいと思っているのです。

「ハワイの青い海が美しい」はひと息で読むほうが、相手に伝わります。
「くっきり・はっきり」は、言葉の意味をブツ切りにします。

文章をブツ切りにしすぎると、抑揚が極端についてしまいます。これが続くとクセが強いので、声の上げ下げが不快にとられます。聞く側が瞬時に意味を理解できず、頭の中でつなげ直す必要が出てきます。

結果として、話がわかりにくくなり、必要なことが伝わりません。

意味のまとまりをひと息でつなげないと、聞くほうは理解できないのです。

人は相手の話が理解しづらいと、だんだんストレスを感じはじめ、やがて集中力が切れます。ついには話を聞くのがイヤになってしまう場合もあります。

今までは、相手にわかりやすく伝えたい一心で、「くっきり・はっきり」を意識してきたかもしれません。

もし、その努力がかえって相手のストレスになってしまっているとしたらどうでしょうか。

こんなに残念なことはありません。

「それならいったい、どんな話し方が正解なのか？」と思われるかもしれませんが、ウルトラ級に伝わる方法を第2章でくわしく説明します。

思い込み❸ 気の利いたことを言わなければならない

↓◎今のあなたのままでいい。すばらしい話、うまい表現は必要ない。

本書でお伝えするのは、今のあなたのままで言いたいことがスッと伝わるようになる技術です。

この技術さえ身につけられれば、ムリにすばらしい話やうまい表現を考える必要はありません。

言葉もそのままでいいのです。

たとえば、ムリに相手を持ち上げても、相手におべっかとして受け取られると逆効果ですし、ムリに場をなごませるジョークを言ったとしても、場合によっては逆に気まずくなるかもしれません。

ニュースのアナウンサーを思い浮かべてください。ニュースの原稿は用意されていて、読む人が異なるだけです。

その原稿も、気の利いた言い回しや格好いい表現を使っているわけではなく、非常にシンプルな文章で構成されています。

そう考えれば、私たちも**「話がうまい人」をめざすより、まずは伝えたい情報や思いを確実に伝えることをめざしたほうがよい**のです。

もともと、うまいことを言える人はそのままでいいのですが、そういうのが苦手な人がうまいことを言おうとがんばる必要はまったくありません。

あなたは、あなたのままで大丈夫です！

思い込み❹

話の中身さえよければ、飾らない話し方でも問題ない

→◎話の中身をよりよく伝えるために、声や伝え方に気を配ろう。

思い込み③の「気の利いたことを言わなければならない」の逆で、「話の中身さえすばらしければ、話し方はうまくなくても大丈夫」という考えの方もいらっしゃるかもしれません。

ほとんどの人は、よい内容の言葉を口にすればそれだけで相手に伝わると思いがちです。それは、言葉の力を大切にしているからなのでしょう。

一方で、たとえば、すばらしい歌詞の曲があったとして、その歌い手が聞き取りにくい声で歌っていたらどうでしょうか？

歌詞が途切れ途切れだったり、声が小さくて部分的に聞こえなかったりすると、歌詞の意味に集中できなくなりますよね。

こうしたことは、日常でもよく起こります。

聞く側にとって、言葉を理解するための第一歩は、音として言葉が正確に届いてくることです。音として理解しやすい状態でなければ、話の内容は伝わってきません。

また、**ビジネスシーンでは特に、専門用語や複雑な内容のやり取りが多いため、話す側がプレゼン資料がない状況で声だけに頼ると、聞く側にとって大きな負担**となります。

そこで、本書では「普通の声」が確実に伝わるようになる、たった3つのポイントをお伝えしていきます。

どちらを選ぶ？ 今、求められる営業スタイル

Aさん「この商品は、今なら特別価格で提供しています！ 他社製品と比べても圧倒的に優れていますよ！ お客様、これは本当に買うべきです！ 今、決めてしまいましょう！」

Bさん「この商品は、使いやすさやコストパフォーマンスで、多くのお客様にご満足いただいています。もし、これがお客様のニーズに合っているなら、じっくりと検討してみてください。ご質問があれば、いつでもお答えしますね」

あなたなら、どちらから商品を買いたいと思うでしょうか？

今の時代、多くの人がBさんのようにナチュラルで、親しみやすいスタイルを好むのではないでしょうか。

昔と比べて、声に求められるものはずいぶん変わりました。

かつてのような大げさな抑揚をつけたナレーションは減り、**自然なおしゃべりのようなナレーション**が増えてきています。

営業スタイルも同様に変化しています。かつては力強く、言葉を巧みに使って説得する営業スタイルが主流でしたが、今ではお客様に寄り添い、ともに課題を解決するコンサルティング営業が主流です。

そんな現代で、**あなたらしさを伝えるのは声**です。

ペラペラ話す人が必ずしも信頼されるわけではないのです。

今は「伝わる声」でリラックスして自然に話すことが、これまで以上に重要になっている時代です。

だからこそ、**「何を話すか」より、「誰がどんな声で話すか」が重要**なのです。

あなた本来の声できちんと伝わる、そんな方法を今こそ身につけましょう。

第1章の要点チェック！

◆**「伝わる声」は、リラックスしたときに自然に出る声。**

緊張やムリをしていると、声が硬くなり相手に伝わりにくいうえに、「負の印象」が混じる。

風鈴の音のように、リラックスした響きのある声が「伝わる声」であり、自然な声は相手もリラックスさせ、話に集中してもらえる。

◆**成功者の声は自然体で、本番でも変わらない。**

自然な声で一貫していることで、信頼を得やすい。

◆**「伝わる声」は「地声」＋「呼吸」でつくられる。**

地声にしっかりとした呼吸を加えることで、地声が格上げされて「伝わる声」になる。

◆**伝え方の「4つの思い込み」をいったん捨てる。**

思い込み①シーンや相手によって声色や話し方は変えるもの。

思い込み②「くっきり・はっきり」話せば、すごくよく伝わる。

思い込み③気の利いたことを言わなければならない。

思い込み④話の中身さえよければ、飾らない話し方でも問題ない。

◆**「何を話すか」より「誰がどんな声で話すか」が重要。**

あなたらしさを伝えるのは声。おしゃべり上手が信頼されるわけではない。

コラム

ストロー1本で自然な笑顔をつくる

「スミヤメソッド」で成果を出すには、声だけでなく表情にも気を配る必要があります。

そのカギとなるのは**「口角が上がっていること」**です。

年齢を重ねたり、人と話す機会が減ると、口角が下がりがちになり、意識してもなかなか上がらないことがあります。

話しているときは笑顔でも、話し終わったとたんに口角が下がってしまうと、相手に裏表のある印象を与えかねません。
信頼感を損ねないためにも、口角は重要です。

ただし、ムリに笑顔をつくる必要はありません。「つくった笑顔はかえって不自然で、相手に違和感を与えかねません。

飛鳥時代の国宝・木造菩薩《ぼさつ》半跏《はんか》像の「アルカイックスマイル」に象徴されるような、口角がほんの少し上がっている穏やかなほほえみが理想です。

この表情を身につけるには、ストローを

使った**「ストロー噛《か》み噛みトレーニング」**がオススメです。

ストローを横にして軽く噛むと、自然に口角が上がります。

この状態を覚えたら、ストローを外して、この上がっている口角を形状記憶させるつもりでキープします。

１人でデスクに向かってパソコン作業をしているときも、この口角をキープすることで、ムリのない自然な表情が身につきます。

第2章

スミヤメソッド❶
「伝わる話し型」で説得力を手に入れる

「ひと息で話すだけ」でスッと伝わる

「くっきり・はっきり」話すと、かえって相手のストレスに？

突然ですが、あなたがお店でカレーライスを注文したとします。

そのとき、もしご飯、野菜、お肉、ルーがそれぞれ別々に出てきたらどう感じるでしょうか？

「ご飯が出てきた」「次は野菜か」「今度はお肉。これで終わりかな」

「あっ、最後にカレーのルーが出てきた！」……

ここまで来てようやく、「これはカレーライスだったんだ！」と気づく。

そんな状況、少し困ってしまいますよね。

実は、人前で話すときに「くっきり・はっきり」を意識しすぎると、これと似た状況が起こりえます。

第1章でも少しお話ししましたが、「くっきり・はっきり」言葉を細かく区切ってしまうと、抑揚が多すぎて不自然。相手が情報を1つずつバラバラに受け取ってしまい、結果、全体の意味がつかみにくくなる可能性があります。

これが複雑な話が伝わらない理由です。

そうならないよう、相手にストレスを与えない、クセのない「伝わる話し型」をぜひ覚えておいてほしいのです。

「伝わる話し型」のポイントは、**「意味のまとまりをひと息で話しきること」**です。

この、スミヤメソッドの「伝わる話し型」は、日本語がもっとも相手に伝わる方法であり、ほとんどの人が知らない秘技とも言えます。話し方がうまい人は、この型で話しています。

私もＮＨＫでは「クセのある話し方をせず、まっすぐに話しなさい」「意味のまとまりはひと息で読みなさい」と教えられました。

そして、さらに大事なポイントを2つ付け加えて、「伝わる話し型」は、次の3つのポイントからできています。

【話し型の3つのポイント】

①なるべく言葉をつなげて、意味のまとまりをひと息で

②抑揚をつけず、まっすぐに話す

③話す前に息を吸って、1音目にアクセントをつける

こうすると、どんな内容も相手にスッと伝わるのです。

できたら、3つのポイントはすべて実践していただき(意外とかんたんです!)、もし難しかったら、**まずは③だけでもやってみてください**。

従来の話し方のテクニックですと、「全部の言葉をくっきり言いましょう」というのが多いのですが、スミヤメソッドでは、「1音目にアクセントをつける」だけでもいいのです！

この話し型は一生使えるので、絶対覚えたほうがいいです。

次からこの型について、図を使って詳しく説明していきますね。

すぐ実践したい人は、自己紹介なら101ページ、営業トークなら103ページへ進んでください。

一生懸命話しても伝わらない理由はこれ！

例文でわかる「くっきり・はっきり」の誤解

「くっきり・はっきり話す」は、がんばって話し方をよくしようとする、真面目な人ほどおちいりやすいワナです。

プロのアナウンサーや声優でも、アクセントや発声をがんばるあまり、文章の意味をブツ切りにしてしまうのです。

では、具体的にどのように話せばよいか、例文で確認してみましょう。

例文

■今日待望の新商品のリリースが発表され、すでに多くの取引先から問い合わせが来ています。

「くっきり・はっきり」区切りすぎるとは、たとえば次のように言葉をブッ切りにしてしまうことです。

伝わりにくい話し方の例

■ **「今日」「待望の」「新商品のリリースが」「発表され、」「すでに」「多くの」「取引先から」「問い合わせが来ています」**

墨屋's
レッスンは
ここから!

これだと聞く側は話の中に8つの「意味のまとまり」があるように感じ、頭の中で話をつなげなければならず、苦労します。

ブッ切りに話すと、相手は覚えることが多いように感じたり、話が長く感じたりするので、ストレスを感じます。最悪の場合、話の意味がわからなくなってしまうのです。

しかし、ビジネスの場や何かを主張したいときに、このような話し方になる人は少なくありません。

この例文を、適切に息継ぎして読むと、次のようになります。

伝わりやすい話し方の例

■「今日待望の新商品のリリースが発表され、」〈息継ぎ〉
「すでに多くの取引先から問い合わせが来ています」

墨屋's
レッスンは
ここから!

これなら、相手は2つの「意味のまとまり」として認識し、スムーズに理解できます。もしくは息継ぎ無しで1回で言ってもかまいません。

この例文はだいたい前半4秒、後半4秒で読めます。

しかし、4秒の中で**区切りすぎると、過度な抑揚が生まれ、意味がわかりにくくなります。さらには、聞く人にとって不快な音となってしまう**のです。

場合によっては相手に少し幼稚な印象を与えることも。

文章のつながりを切ってませんか？
話がくどいと思われる理由はこれ！

図でわかる「くっきり・はっきり」の誤解

ブツ切りで話をするのは、言ってみればかたまりのお肉を「ミンチ状態」にして相手に出すようなもの。

それに対して、**意味のまとまりをひと息で話しきるのは、お肉をかたまりのまま「ステーキ」で出すのと同じ**です。

次ページの図でもわかるように、ミンチ肉の状態だと同じ話なのに聞く側は長く感じますね。

でもステーキ状態だと、話がスッキリし、話す人に品格も感じられるのです。

「伝わる話し型」。話の途中でブツ切りにしない！

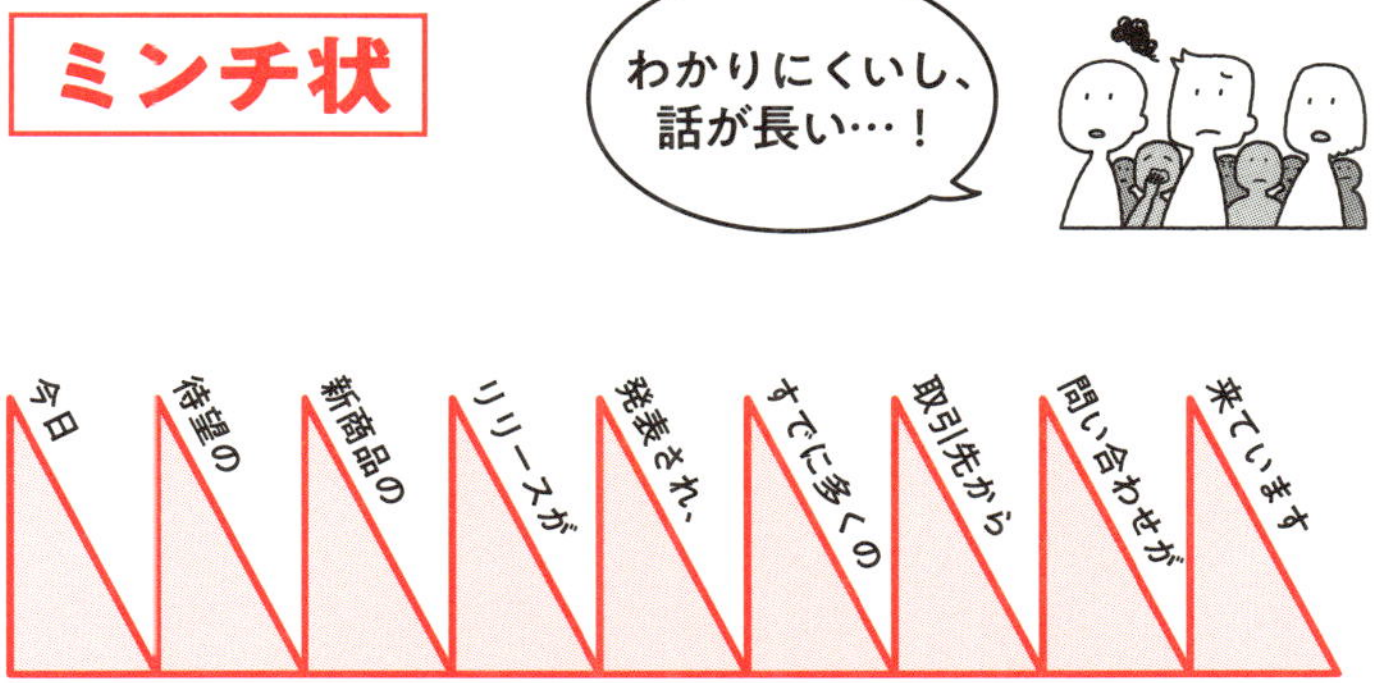

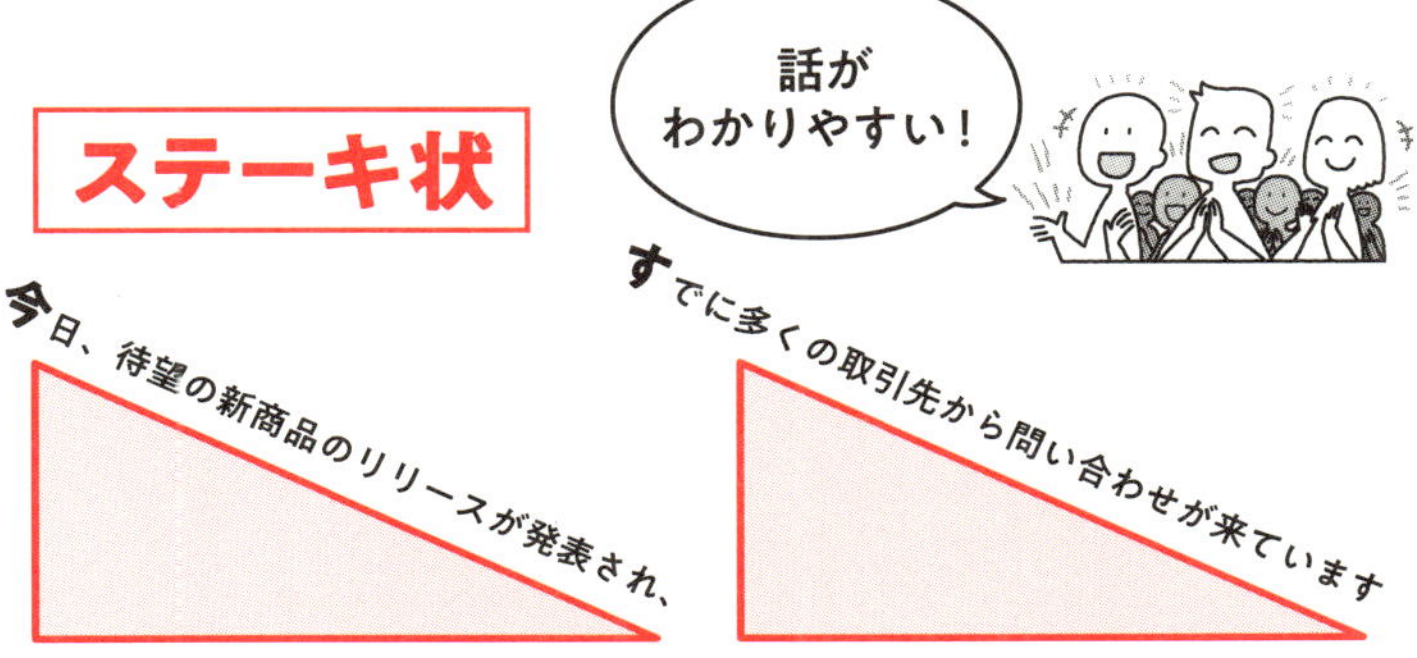

話が上のように間や抑揚が多いミンチ状態（バラバラ）だと相手は話が長く感じられたり、わかりにくく感じます。下のようなステーキ状態でまとまっていれば、話がスッキリ感じられ、話す人に品格が漂います。１音目にアクセントをつけて、後は自然に下がっていく様子をすべり台のような三角形で示しました。

文章をミンチ状（ブツ切り）にせず、この図の下のように**「意味のまとまりをひと息でまっすぐ話す」**のが、**最も伝わる「話し型」**です。

話す前に息を吸うと、自然と1音目にアクセントがつき、エネルギッシュになります（調子が上がります）。

そして、残りの息が減るにつれて、自然と音の調子は下がっていきます。

結果として、話の内容がおのずと説得力のある形で、相手の頭の中にスッと入っていくのです。

自己紹介するときは、次ページの図のような感じになります。

多くの人は好感度アップをねらって、語尾が上がるように、中途半端に区切って話してしまいます。しかし、公の場ではそれは不自然で逆効果。

意味のまとまりまでひと息で話したほうが、相手にとって自然でわかりやすく、心地よく聞こえるのです。

語尾上がりに話すのは逆効果！

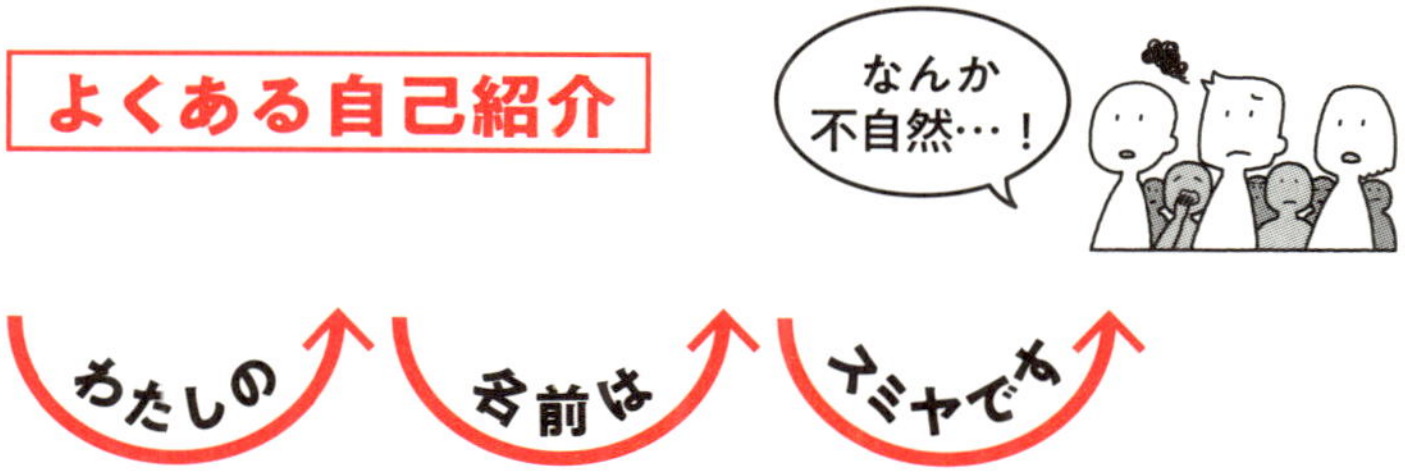

墨屋's
レッスンは
ここから!

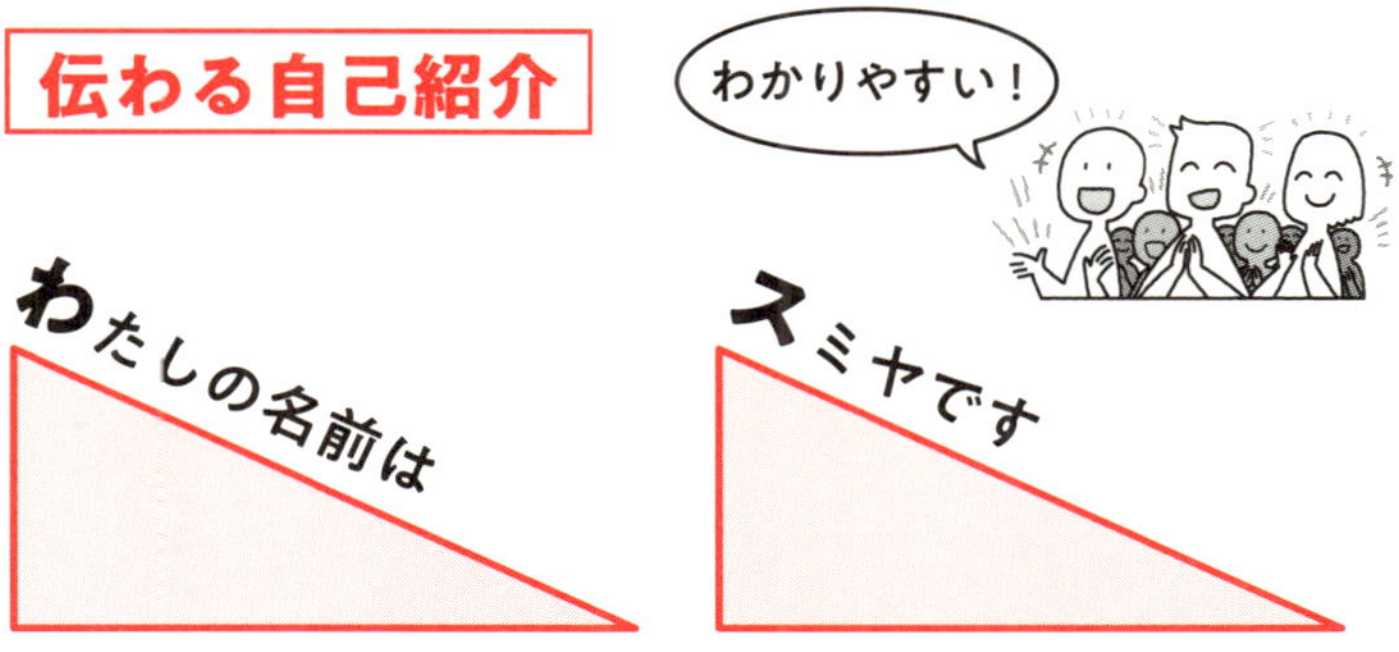

多くの人は印象をよくしようと語尾を上げるように話しますが、それは逆効果。
1音目にアクセントをつけて、自然にエネルギーが下がるように話すほうが、相手にとってわかりやすく、心地よく聞こえます。

実践！ 説得力が増す「話し型」1分トレーニング

では、「伝わる話し型」のトレーニングをしてみましょう。約1分でできます。

基本の話し型

たっぷり息を吸い、1音目にアクセントをつけて
ひと息でまっすぐ話す

話しはじめる前には、必ず息をたっぷり吸い込みましょう。

これは、車にガソリンを入れるように、声にエネルギーを与えるためです。

ひと息2〜5秒間を目安に息を吸ってから話しはじめると、声が十分に出て最後まで息切れせずに話せます。

そのうえで、1音目をアクセントをつけてエネルギッシュに（息を強くして）話しはじめて、ひと息でまっすぐ読みます。

例文1

■目の前に青い海が広がっています。

言いたいことをひと息で言いきるだけです！　スピーチ原稿がある場合は、言葉の意味のまとまりをつなげて読みましょう。

墨屋's
レッスンは
ここから!

例文の1音目である「め」を少し強めに出すと、声に明るさが出ます。

1音目にアクセントをつけて強くすれば、後はまるですべり台のように自然とまっすぐ落ちていきます。

「声が暗い」「怒ってる?」と言われる人や、よく「えっ?」と聞き返される人は、1音目から2音目までを意識してエネルギッシュに話すと、声が明るく聞こえ、社会性が増します。

「伝わる話し型」は１音目を強く、後は自然に落ちるように

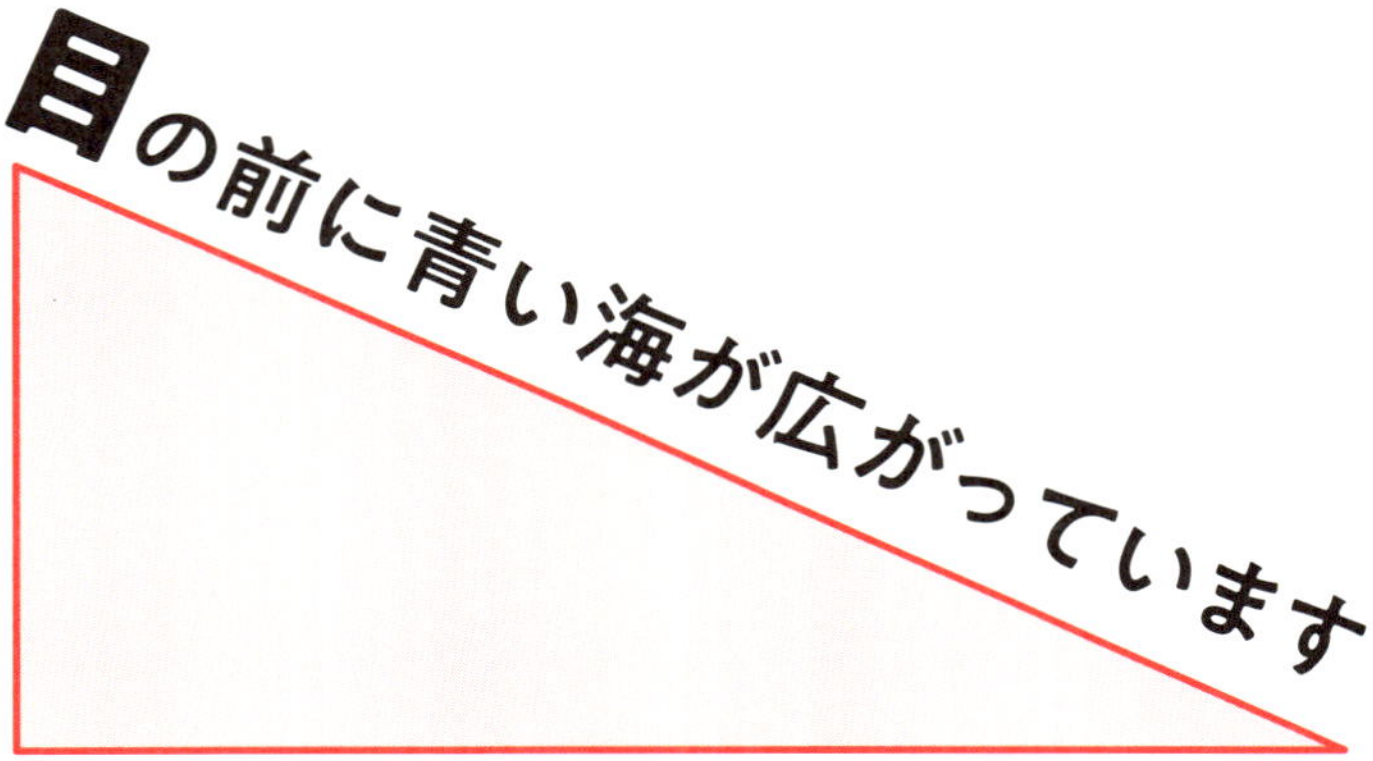

話す前に息をすると、１音目は自然にエネルギッシュになり、アクセントがつきます。そして、自然にエネルギーが落ちてくるのが理想。途中で抑揚をつけたり、ムリに間をつくったりはしないこと。

超かんたんなコツは**修飾語と名詞をひと息で読む**こと。
たとえば、「青い海」と話すときには「青い」と「海」をひと息で読み切るのが大切です。短い文なら一気に話すと、より意味がはっきりと伝わります。

修飾語と名詞はひと息で！

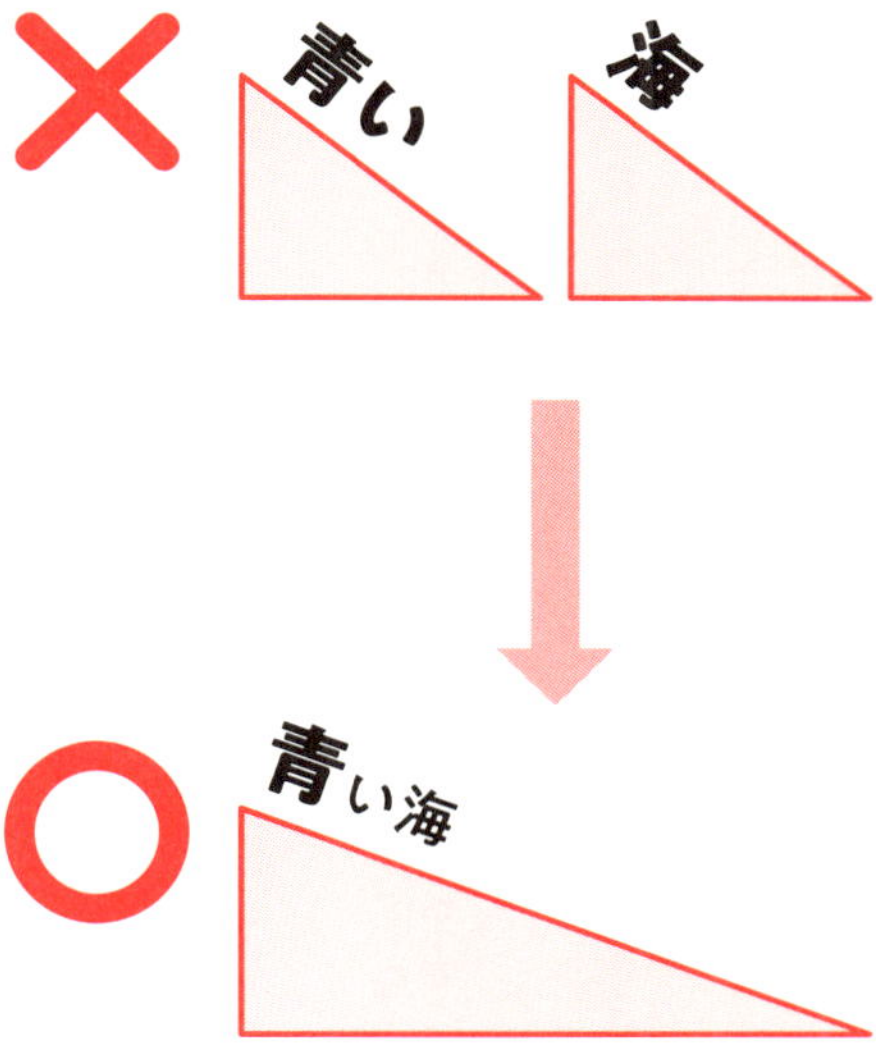

修飾語と名詞は区切らずひと息で読むと、意味が伝わりやすい！

スピーチ原稿がなく、文を目で確認できない場合は、なるべく**話の途中でブツ切りにしないよう気をつけるだけで大丈夫**です。

「意味のまとまりをひと息でまっすぐに話す」は、はじめは短い単語をつなげるところからでＯＫ。

毎日でなくても、重要な会議やプレゼン、打ち合わせ前に少しでも練習すると、意味がスッと伝わる話し型が身につきます。

なかなか息が続かず、「意味のまとまり」をひと息で話すのが難しいと感じる人は、160ページで説明する**「ストローぶくぶくトレーニング」**のロングバージョンが効果的です。

例文2

■たんぽぽは丈夫な植物です。

こちらを1回、ハキハキと読んでみてください。

すると、次ページの図の上のような感じになるのではないでしょうか？

今度は、図の下のような感じで、ひと息で読んでみてください。

下のほうがひとまとまりで聞きやすいですね。

ふだんの家族や友人とのたわいもない会話では、ひと息で話すはずですが、プレゼンなど緊張する場面では、区切って話してしまうことがあります。

「たんぽぽは」「丈夫な」「植物です」といった具合に区切って話すと、相手はブツ切りになった情報を頭の中でつなげて理解しなければならず、余計な負担をかけてしまいます。

くり返しになりますが、**ポイントは意味のまとまりの途中に音が上がらないよ**

墨屋'sレッスンはここから!

すべり台のような「伝わる話し型」

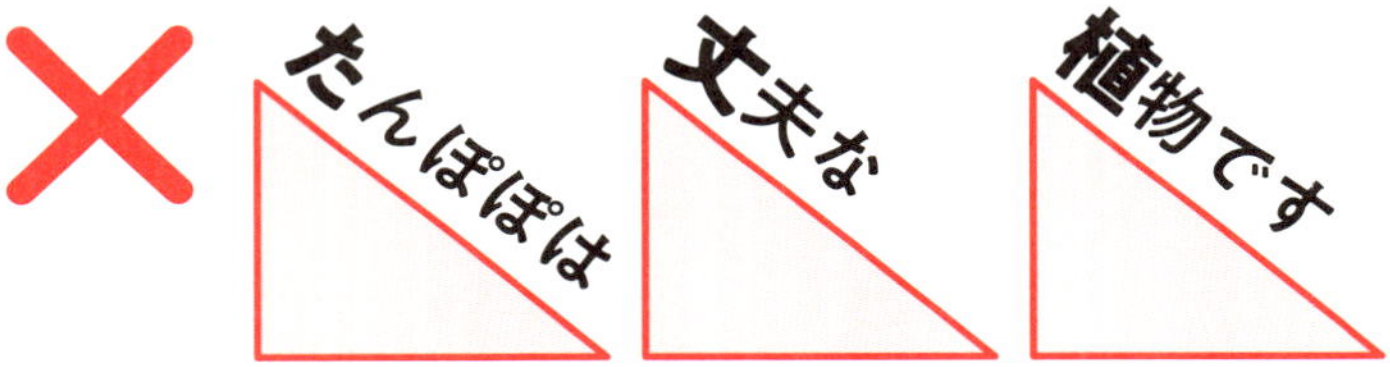

緊張すると、こんな話し方になりやすい。

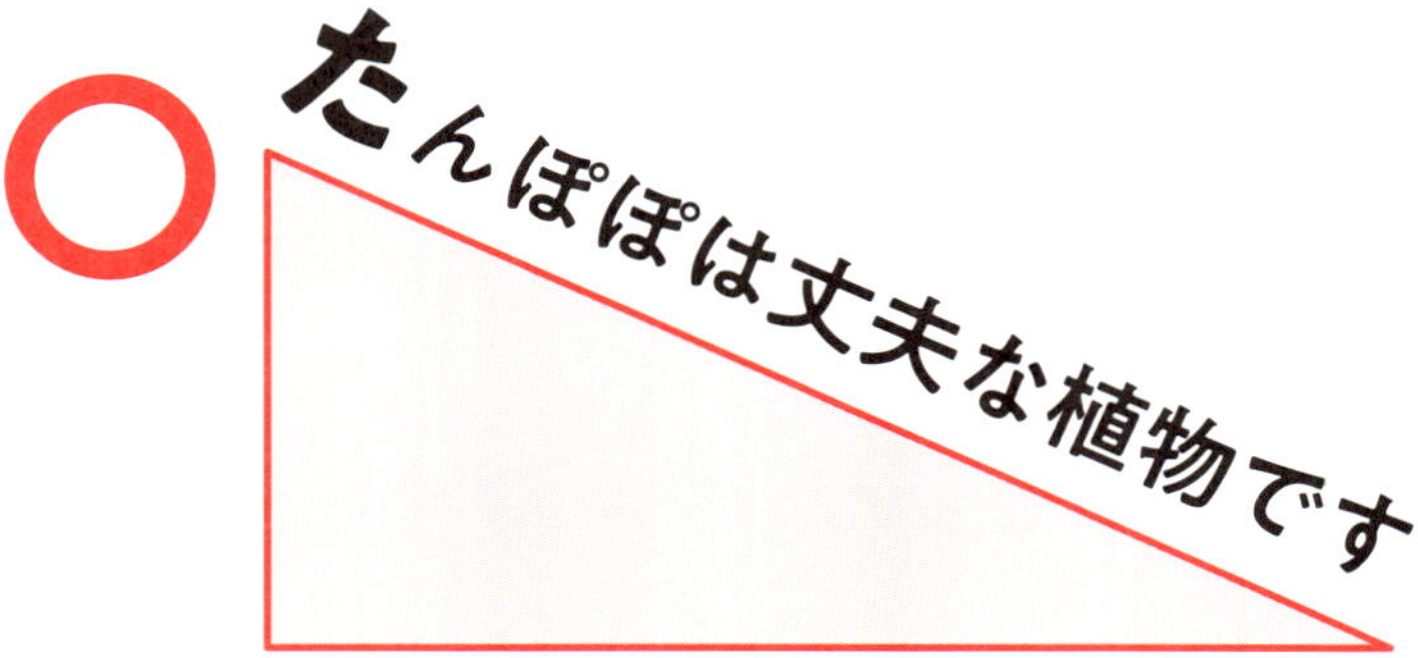

文意を区切らず、ひと息にまっすぐ読むのが「伝わる話し型」。文頭の１音のみエネルギッシュに出せばアクセントがついて、後はエネルギーが自然に下がっていく。

う、まっすぐに話すこと。

そうすると、「たんぽぽ」の「た」から「植物です」の「す」に向かって、自然に音の強さが下がっていきます。この感覚を覚えてください。

「意味のまとまり」をひと息で話し、1音目にアクセントをつけて後はストレートに話すことで、声の調子がなめらかに下がっていきます。

ちなみに、緊張しているときでもこのスタイルで話せば緊張がバレませんよ(笑)。

「ひと息で話す」を意識すれば、「間」は自然と生まれる

「意味のまとまり」を意識してひと息で話すと、適切な「間《ま》」が生まれます。

わざわざ「間をつくる」必要はなく、話の流れに沿った自然な間がつくられるのです。

間は、話す側が呼吸するためだけでなく、聞く側が話の内容を理解するためにも重要な時間です。

矢継ぎ早に話すと、相手は内容を整理する時間が取れず、聞いていて疲れてしまいます。

話し型の応用編①「息継ぎメソッド」

強調したいときに息継ぎをする！

ひとまずは、1つの意味のまとまりをひと息で読めるようになれば十分です。

応用編として、さらに強調したい単語や数字がある場合、その**「前」で息継ぎ**をしてみましょう。その単語や数字が重要だと相手に伝えられます。

次の例文で練習してみましょう。

例文

■**「今回の調査の結果により、〈息継ぎ〉70％が支持しました」**

墨屋's
レッスンは
ここから!

この文章で強調したいのは、「70％が支持」という点。であれば、その前に軽く息を吸ってから話すことで、相手により印象的に伝わります。

強調したい箇所はだいたい「20文字に1カ所」まで。

このような短い文章であれば、強調するのは1カ所で十分です。

強調したい言葉の前で間《ま》をつくる！

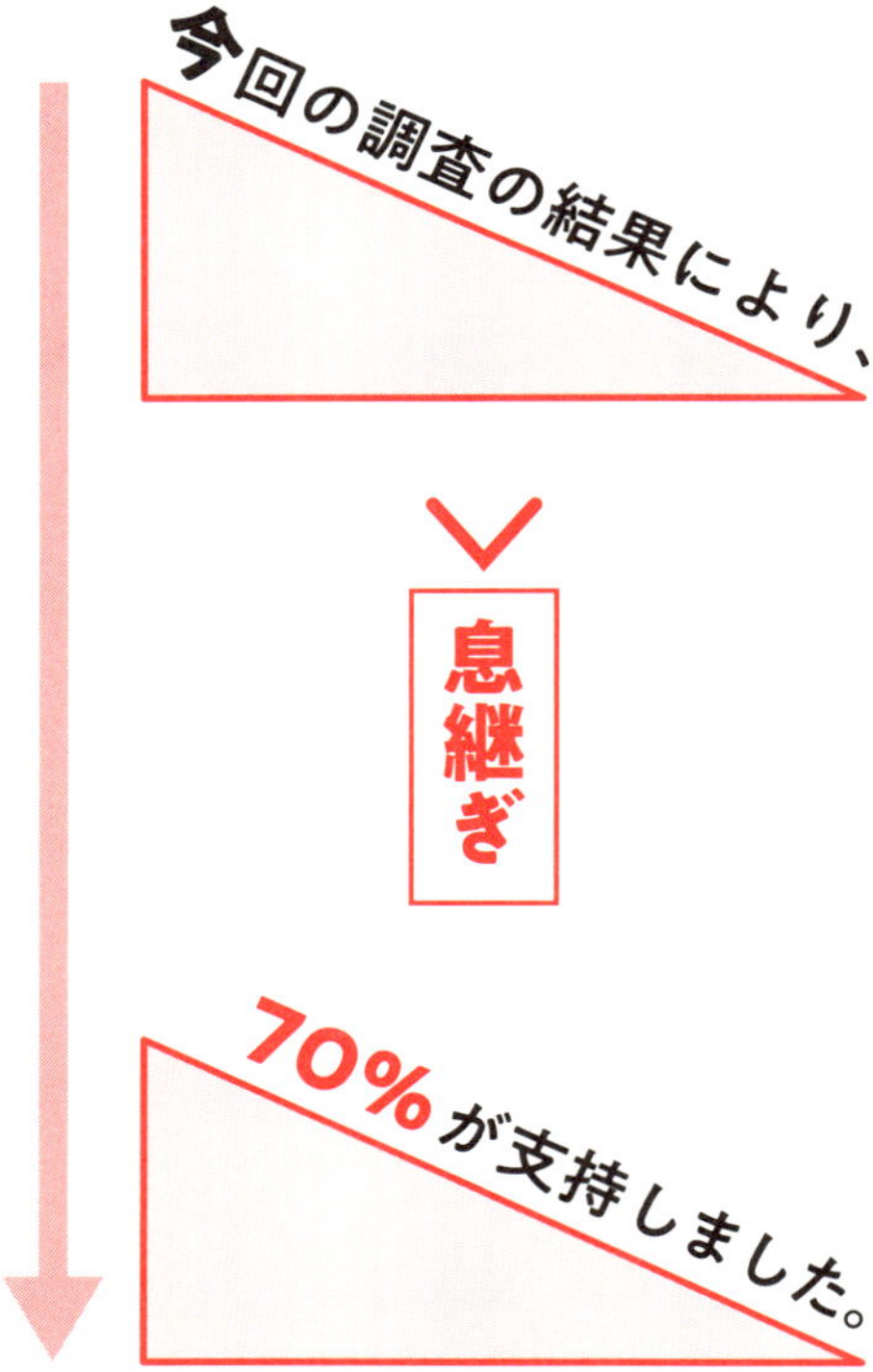

今回の調査の結果により、
息継ぎ
70%が支持しました。

強調したい言葉の前で息継ぎをすると、自然な間が生まれて聞き手に息継ぎの後の言葉が印象的に伝わる。

話し型の応用編②「前置きメソッド」

「何回言っても伝わらない」がなくなる！

次は、相手に聞く準備をさせる**「前置きメソッド」**をお教えします。

声は、相手は記憶しながら聞くので、書くときと話すときでは伝わりやすい言葉の順番が違います。話すときは、ビジネスでもプライベートでも、**相手に「今から何を言うか」を前置きすると、とても伝わりやすくなります。**

「意味のまとまりをひと息で読む」が、キャッチボールにおける「ボールの投げ方」だとしたら、「これから投げるよ！」と相手に言うのが重要だという話です。そのほうが相手は言葉をキャッチしやすくなります。

例文で説明しましょう。

左の図の上がメールなどの書くときで、下が話すときの伝わりやすい例です。

書くときの自己紹介

〇〇〇〇と申します。
△△社 ×× 部で□□
を担当しております。
どうぞよろしくお願いい
たします。

話すときの伝わる自己紹介

名前は〇〇〇〇です。
会社名は△△社
部署は ×× 部です。
担当は□□です。

こちらは相手に何を言うかを「前置き」している。

伝わる！　すごい自己紹介

まずは、伝わりづらい話し言葉の例を挙げて解説します。

よくある自己紹介の例（名前や会社名を相手に覚えてもらいにくい）

■**「〇〇〇〇と申します。△△社××部で□□を担当しております。どうぞよろしくお願いします」**

このような自己紹介をしている人は多いと思いますが、名前を覚えてもらいたいなら、これは損しています。

実はこの話し方だと相手は聞く準備ができず、ほとんどの場合、自分の名前や会社名などの「固有名詞」が相手に伝わっていません。サービスや商品名などはなおさらです。

そして、伝わっていないところは、**名刺が補っている**のです。

次のように、「名前は」「会社名は」「担当は」などと**「前置き」**してから固有名詞を言うと、相手に声を聞き取る準備ができます。すると、名前や会社名が伝わるようになります。

では、実際に以下に自分の自己紹介を当てはめて読んでみましょう。

覚えてもらえる自己紹介の例

■ **「私は、○○○○と申します。会社名は、△△社××部で、担当サービスは、□□です。どうぞよろしくお願いします」**

墨屋's
レッスンは
ここから!

さらに、**自分の名前や会社名の1文字目は、ふだんより3～10倍強く言いましょう。**それにより、聞く側に印象深く伝わり、名前を覚えてもらえます。

営業の方であれば、**自社の商品やサービスを説明する文章を事前に音読しておく**のもオススメです。

特に難しい名称やキーワードはしっかり練習しましょう。

何回か音読していると、特定の言葉を噛んだり、発音しにくい音がわかってくるはずです。そこにマークをつけ、注意しながら、くり返し読みましょう。

伝わる！　すごい営業トーク

では次に、商品紹介の例を挙げます。

よくある営業トークの例（伝わりにくい）

■「私たちの会社からスピードマックスという商品が出まして、世界最速なんです」

これも「前置き」がありません。このように、**商品名を文章の真ん中に入れる話し方だと、商品名が相手に伝わりづらくなります。**

伝わりやすくするには、次のようにしましょう。

覚えてもらえる営業トークの例

■ **「新商品が出ました。特徴は〈息継ぎ〉世界最速という点です。**
商品名は〈息継ぎ〉スピードマックスです」

墨屋's
レッスンは
ここから!

このように、**新商品が出ることを「前置き」**し、次に**商品名**を言います。かつ、**特徴を言う前に前置きと息継ぎをして、息継ぎ後の言葉を強調**しています。

次に、日常でよく言う例を挙げます。

よくあるお願いの言い方（伝わりにくい）

「コンビニでパンと牛乳を買ってきて」

家族に買い物を頼むときによくこういう言い方をしますね。

でも、この言い方だと「前置き」がないので、頼まれた人は「え？ 何？ もう1回言って」となったり、聞きづらいので聞き逃してしまうかもしれません。

この場合も、次のように「買ってきてほしいものがある」と前置きしてから、買ってきてほしいものを言いましょう。

聞いてもらえるお願いの言い方

「コンビニで買ってきてもらいたいものがあるんだ。〈息継ぎ〉パンと牛乳の２つ」

このように、今から何を言うかを「前置き」して、相手に聞く準備をしてもら

う話し方をすると、ウソみたいに伝わりやすくなります。

本書の編集者は、「前置きメソッド」を使って驚きの体験をしました。

中学生の子どもに「あのお皿取ってきて」と言っても聞き流されていたのに、**「取ってきて。〈息継ぎ〉あのお皿」**と言ったら、急にお皿を取ってきてくれたそうです。

身近な人にお試しください。

あせって、「前置き」が出てこないときはどうする？

あせると、例文のような「前置き」がとっさに言えないこともありますよね。

そんなときは、**「あの」「すみませんが」**といった、あいまいな言葉で「前置き」しても十分に効果があります。

いきなり本題に入るのではなく、少しでも「前置き」を入れることで、相手の注意を引きつけやすくなるからです。

結局、**「前置きメソッド」を最大限に活かすためには、相手の状況や気分を読むことが欠かせません。**

コミュニケーションは相手あってのもの。自分のタイミングだけで話すのではなく、相手の状況に合わせることが重要です。

たとえば、上司や同僚がパソコン作業をしている最中に、急に声をかけても、十分な注意を引けないかもしれません。

しかし、相手が手を止めて顔を上げたタイミングで声をかければ、こちらの言葉に集中してくれる可能性が高くなります。

また、「ちょっとお時間いいですか？」「今、話しかけてもいいですか？」というフレーズはオフィスでよく使われる「前置き」です。

これも、もっと効果的にするには、**具体的な時間を加えて、「ちょっと1分いいですか？ 明日の会議の時間の確認です」などと、どのくらいの時間が必要か**

を明示します。

具体的な「前置き」で、相手もより安心して聞いてくれるようになります。

「前置きメソッド」の本質は、相手に自分のための「心のスペース」をつくってもらうこと。

相手が忙しいときや自分のことでいっぱいいっぱいのときは、どんなすばらしい言葉も、なかなか心に響きません。

しかし、**「あなたにしか相談できないことがある」といった相手の自尊心をくすぐるような「前置き」をする**と、話をぐっと聞いてもらいやすくなります。

たったひと言添えるだけで、相手とのコミュニケーションをスムーズにし、話を聞いてもらえるようになる魅力的なテクニックです。

忙しいビジネスシーンやプライベートで困ったときなどに、ぜひ活用してみてください。

言葉をつなげるだけで、伝わり方が劇的に変わる

「ここまで読んで、伝わる理屈はわかったけど、果たして自分にできるだろうか？」と不安に思った方もいるのではないでしょうか。

話し方のクセを完全に直すのは難しいかもしれませんが、心配はいりません。

たとえば、**修飾語と名詞をつなげる、つまり「青い／海」を「青い海」とつなげるだけで伝わり方がよくなり、あなたの印象がアップします。**

それだけで、あなたの話を聞いてもらえます。

第2章で紹介したトレーニングを行って、ふだんの話し方にわずかでも取り入れてみてください。少しずつ、話の伝わり方が変わっていきます。

難しく考えないで大丈夫。あなたが伝えたい言葉をひと息で話すだけ。もしできるなら、すべり台型にあてはめて（94ページ）。

シンプルすぎますが、スルスルと本当に伝わる言葉に変わります。

それだけで、聞く側のストレスも大きく減ります。

人間は、本能的に心地よいほうを選ぶ生き物です。ここまでのトレーニングで**「コツがわかるとラクに話せるし、自分の声のままでいい」と自分も心地よいことが実感できれば、話し方そのものがいつの間にか変わります。そして、あなた自身がかっこよく、エレガントに周りから思われるようになっていきます。**

それが積み重なると、周囲の印象も大きく変わるでしょう。

プレゼンやセミナー、ライブ配信、打ち合わせ、面接などの前に、これまで紹介したトレーニングをいくつか練習しましょう。

「自分の声がしっかり伝わった」「自己紹介の後に名前を呼んでもらえた」「商品説明の後の問い合わせが増えた」と感じられれば、自信がつきます。

この自信がさらに伝える力を高め、仕事でもプライベートでもよい成果をもたらしてくれるでしょう。

第2章の要点チェック！

◆「くっきり・はっきり」話しすぎるのは逆効果な場合もある

言葉を細かく区切りすぎると、相手が情報をバラバラに受け取り、全体の意味が伝わりにくくなる可能性がある。結果として、相手にストレスを与え、話が長く感じられてしまうことも。

◆「意味のまとまりをひと息で話す」が基本の話し型

意味のまとまりはひと息で話しきることが大切。これにより、言葉の意味のまとまりを自然に伝えられて、相手にスムーズに理解してもらえる。

◆自己流の抑揚や間はいらない

不自然な抑揚や間を入れないようにする。間を意識しすぎると、話のリズムが崩れ、相手の理解を妨げてしまう。息継ぎのタイミングで、自然なリズムと間が生まれる。難しければ「伝えたいことをひと息で話す」ことを心がける。

◆**言葉の1音目にアクセントをつけて話しはじめると説得力アップ**

話しはじめる前に息を吸うと1音目がエネルギッシュに（息が強く）なって、アクセントがつく。すると、声が明るくなるだけでなく、相手に伝わりやすくなる。また、息が減るにつれて自然にエネルギーが下がっていくので、ムリに抑揚をつける必要がなくなる。

◆**「息継ぎメソッド」「前置きメソッド」でさらに伝わりやすくする**

強調したい言葉の前に息継ぎをすると、自然な間が生まれ、さらに息継ぎの後の音が強くなるため、印象的に伝わるようになる。

また、相手に「今から何を言うか」を前置きすると、相手に聞く準備ができ、その後の言葉がしっかり相手に届く。

◆**まずは言葉をつなげるだけでもいい**

たとえば、修飾語と名詞をつなげて話すだけでも、あなたの話を聞いてもらえるようになる。

コラム

話しやすくなる！スピーチ原稿の3つのポイント

◆ヨコ書きのスピーチ原稿は「タテ書き」に

パソコンやスマホでスピーチ原稿を書く場合、ヨコ書きにしている方が多いかもしれません。

しかし、同じ内容で、ヨコ書きとタテ書きの原稿をつくり、声に出して読みくらべてみましょう。タテ書きのほうが、圧倒的に読みやすいのがわかると思います。

タテ書きのほうが、行が変わったときの目線の移動が短く、スムーズなのです。

特に原稿を見ながらのプレゼンをする場合は、原稿をタテ書きにしておくことをオススメします。

◆スピーチ原稿に「印」をつける

スピーチ原稿を自分でつくる場合と、他人がつくる場合があります。

特に後者の場合、自分で事前に声に出して読んでみて、つっかえた言葉に波線などで印をつけておきましょう。練習する時間があまりなくても、波線があれば注意して読めて、プレゼン中に読み間違いがなくなります。

数字や固有名詞など、間違えてはいけない大事なところに印をつけたり、ふりがなをふるのもよい方法です。

◆原稿は「短め」につくる

ボイストレーニングを受けてくださっている方が、実際にプレゼンで使う原稿を持ってきてくれるときがあります。確認すると、与えられた時間ぴったりの原稿をつくっていることが多いようです。

それでは「時間内に終わらせないと」という意識が頭を占めてしまい、話の内容や目の前の相手に集中できません。

たとえば「3分で」話すよう求められた場合、2分40～50秒ぐらいで余裕を持って終われるよう、原稿を調整しましょう。求められるのが「30分」なら、「25分」の原稿量です。

なぜなら、呼吸の時間と心の余裕を生み出すからです。

原稿量を詰め込みすぎず、予定より少し早く終わるぐらいのほうが喜ばれます。

ゆとりは、成功のカギです。

第3章

スミヤメソッド②「伝わる滑舌」でわかりやすさと自信を手に入れる

滑舌は瞬時によくなる！

―きゃりーぱみゅぱみゅって言えますか？―

滑舌がよくなると成功する

「言葉がうまく出てこない」「言葉を噛んでしまう」。そんな悩みは誰でも一度は経験したことがあるはずです。

でも、**成功しているリーダーたちに共通しているのは、滑舌《かつぜつ》のよさ。**

実は、これが意外にも大きなポイントで、滑舌は、単に言葉が聞きやすくなるだけではありません。

あなたに新たな価値が生まれるのです。

滑舌がいいと、面接やプレゼン、リーダーシップが求められる場面で、自信に満ちた印象を与え、相手の心をグッとつかむ力がアップします。

滑舌改善でクリアな発声を手に入れたら、第2章の「話し型」もあわせて実践すれば劇的に伝わり方が変わります。

滑舌改善は、即効性のある成功法の1つなのです。

「でも、滑舌改善なんて難しそう……」

と思われるかもしれません。

ご安心ください！

私の独自の方法は、ボイストレーニングの生徒さんから**「目からウロコ！」と言われるほどかんたんで、しかも一瞬で改善**します。

一度コツをつかんだら一生使えるので、ぜひ読んでみてくださいね！

滑舌の改善実験「アクショントレーニング」

さっそくですが、実験してみましょう。突然ですが、

「きゃりーぱみゅぱみゅ」

と言ってみてください。「ぱみゅぱみゅ」の発音が難しくないでしょうか？

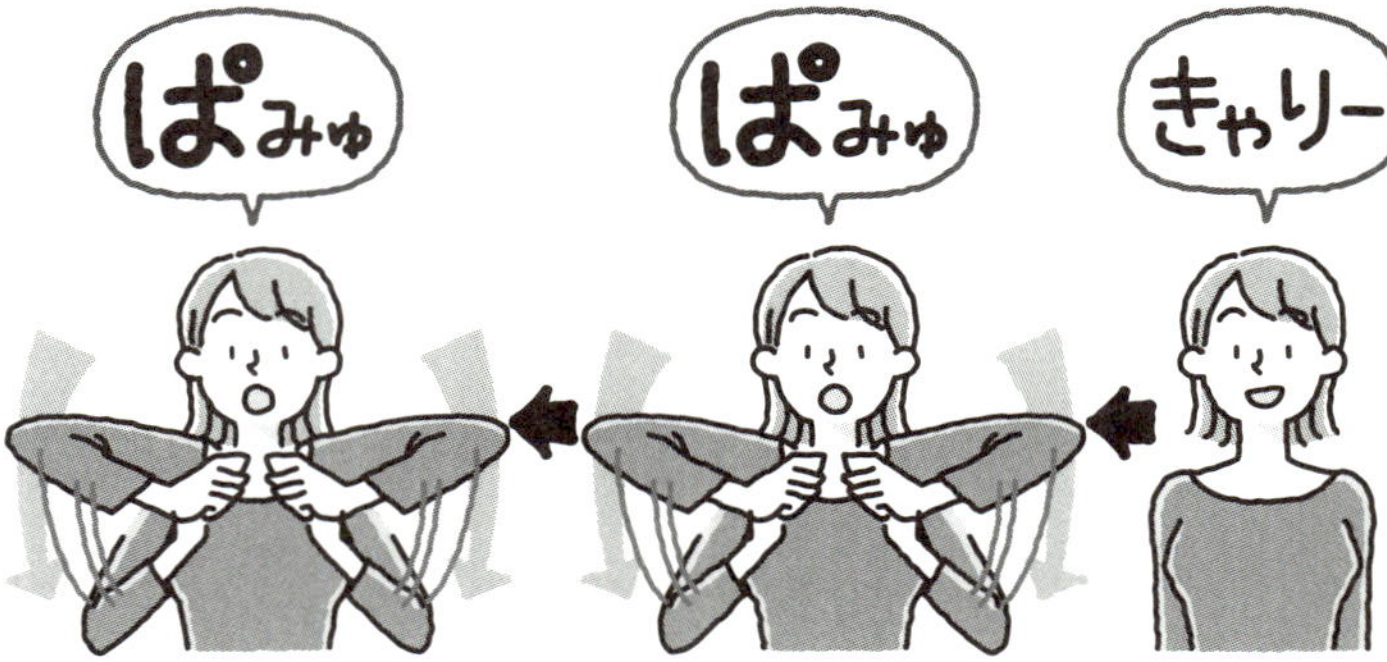

では次に、できるだけ遠くに言う感じで、

「きゃりー」
「ぱみゅ」
「ぱみゅ」

と**音節ごとに区切って、「ぱみゅ」のときに脇を締めて**言ってみましょう。

効果を感じない人は、2〜3倍アクションを大きくしてください。

今度は、「ぱみゅぱみゅ」が先ほどよりしっかり言えたのではないでしょうか？

もう一つやってみましょう。

「しゅじゅつ（手術）」
と言ってみてください。
ほとんどの方が言いにくいですよね。

では今度は、
「しゅ」「じゅ」「つ」
と、**音節ごとに手をたたいて**言ってみてください。

今回も先ほどより言えたのではないでしょうか？

アクションを加えると、滑舌が一瞬で変わり、発音が前よりクリアになったのではないでしょうか。
この**「アクショントレーニング」**は、言葉を発音するときに体の大きな動きを加えることで、滑舌を改善する方法です。

アクションが伴うと、言いにくかった言葉がずいぶん発音しやすくなります。なぜなら、人は体を動かしながらしゃべると、呼吸の力を借りられて、エネルギッシュな声になるからです。

滑舌をよくするには、特別なトレーニングが必要だと思われている方が多いかもしれませんが、すぐよくなることがわかりましたね。

滑舌を改善するトレーニングを行う前に、そもそも自分はどの音が発音しにくいのか、あなたの滑舌をチェックしてみましょう。

超かんたん「滑舌チェック」

プレゼンや自己紹介などで影響力を持つためには、まずは「滑舌がよくない言葉」を自分で発見することが重要です。

たとえば、名前「スミヤ」の「ス」の音が自分ではしっかり発音できているつもりでも発音できていなくて、「ミヤさん？」と聞き間違われることがあるかもしれません。

実際には名刺で伝わるのですが、人は「あなたのその音が聞こえにくい」なんて、指摘はしてくれません。

自分の苦手な滑舌がわかっている方はこのステップを飛ばしていただいてかまいませんが、わからない方は次の①、もしくは②の方法でチェックしましょう。

自分の名前、伝わってますか？

①自己紹介や仕事で使う言葉で、滑舌チェック

まず、よく使う自己紹介の言葉やビジネス用語をノートやスマホに書き出してみましょう。ビジネス用語とは、商談やプレゼンでよく使う言葉や絶対伝えたい言葉、誤解されたらいけない言葉などです。

次に、書き出した社名、数字、サービス名を「ひらがな」で書き起こします。

書き起こす例文

■「わたしのかいしゃは△△△△で、□□□をたんとうしています」

書き起こしたら、次のようにチェックしてください。

・ひらがなでメモした自己紹介やビジネス用語を声に出して読む。

・他の音より小さく聞こえたり、発音しにくかったひらがなに〇印や波線をつける。

この**「印をつけた言葉（音）」が、あなたの苦手な滑舌（発音しづらい言葉）**です。余裕があれば、スマホなどで録音して聞き返すと、よりわかりやすいでしょう。

そして、128ページの「舌出し滑舌トレーニング」を行ってください。

誰にでも苦手な音はある！

②お手軽！　五十音表で滑舌チェック

①だと「自己紹介やビジネスフレーズを考えるのが面倒だ」という方や、もっと手軽に滑舌をチェックしたい方には、こちらの方法がオススメです。

五十音表でひとつひとつの発音を確認し、苦手な音を見つけられます。

簡単にできるうえに、どの音が苦手か明確になるので、忙しい方でも手軽にセルフチェックが可能です。

・次ページの五十音表を「あいうえお　かきくけこ　さしすせそ……」と、ひとつひとつ発音する。

・他の音より小さく聞こえたり、言いにくかったひらがなに○印や波線をつける（直接印をつけられない場合は、そのひらがなだけメモする）。

「印がついたひらがな」が、あなたの苦手な滑舌です。

五十音表で滑舌をチェック！

わ	ら	や	ま	は	な	た	さ	か	あ
	り	い	み	ひ	に	ち	し	き	い
を	る	ゆ	む	ふ	ぬ	つ	す	く	う
	れ	え	め	へ	ね	て	せ	け	え
ん	ろ	よ	も	ほ	の	と	そ	こ	お

右上から「あいうえお、かきくけこ、さしすせそ……」とひとつひとつ発音していき、うまく発音できない音に印をつけてください。

特に「さ行」は苦手な人が多いので、意識して。

①または②の方法で、あなたの滑舌がよくない音が発見できました！
でも、「滑舌なんてすぐよくなるものなのかな？」と思う方もいるでしょう。
大丈夫です。本当にすぐによくなります！

＊＊＊＊

最初にやったアクショントレーニング以外に、次の「舌出し滑舌トレーニング」をやってみてください。

即効！「舌出し滑舌トレーニング」

「仕事でよく使う言葉なのにいつも噛んでしまう」「人から『えっ？』と聞き返されてしまう」などと悩んでいる方は、ぜひこの**「舌出し滑舌トレーニング」**で、滑舌を改善してください。

これは、滑舌が「一瞬で」よくなる魔法のトレーニングです。

①たとえば、「さ」の発音が苦手な場合、まず普通に、「さささささ」と続けて3回言ってみましょう（または苦手な言葉を言うのでも可）。

「さささささ、さささささ、さささささ」

墨屋'sレッスンはここから！

②次に、舌を限界まで「べー」と出した状態のままで、「さささささ」と続けて3回言ってみてください。

③舌を口の中に戻して、再び普通に「さささささ」と言ってみましょう。

どうでしたか？　最初の①より発音が明確になり、聞き取りやすくなったのではないでしょうか。

滑舌をよくするには、口を大きく開ける必要があると思い込んでいる人がいます。でも、口を大きく開けるより効果的なのは、**口の奥を開ける**こと。

滑舌が悪いのは、舌が声の通り道を邪魔していたことが原因の1つです。

舌を意識しただけで、これほどまでに滑舌がよくなるのです。

実際、私のこのトレを受けた人は、その場で100%滑舌がよくなります。いい音を一瞬で出せると自信が持てて、よい滑舌を体が覚えやすくなります。大事なプレゼンや商談、面接、婚活の前にも練習しておくとよいでしょう。

第3章の要点チェック！

◆**アクションTトレーニングで滑舌改善を確認**

「きゃりーぱみゅぱみゅ」や「しゅじゅつ」のような言いにくい言葉は、動作をともないながら発音すると、滑舌が一瞬で改善する。

◆**滑舌をセルフチェックする**

滑舌を次の2つの方法のどちらかで確認する。

①自己紹介や仕事でよく使う言葉をひらがなで書き起こし、発音しにくかったひらがなに○をつける。

②五十音表をあ行から順に読んでいき、言いにくかったひらがなに○をつける。

◆**一瞬で効果が出る「舌出し滑舌トレーニング」**

舌を出して発音練習をすることで、苦手な音が一瞬でクリアになる。

コラム

商談やプレゼン、セミナー、ライブ配信がうまくいく5つのティップス

「スミヤメソッド」を1つでも身につけたなら、商談やプレゼンの場でしっかり成果を出したいですよね。そのためには、日々のトレーニングが重要です。さらに成功を確実にするには、これから紹介するティップスが最適です。ライバルと差がつくこと間違いなし。ぜひ取り入れてみてください。

〈重要なプレゼンや商談の事前準備〉

❶「パワーアップワード集」をつくる

商談やプレゼン当日に絶対伝えたい言葉、誤解されたらいけない言葉、たとえば、社名、数字、新商品名を抜き出し、ノートなどにまとめます。

そして、英語の単語帳をつくって読むような感覚で、「舌出し滑舌トレーニング」（128ページ）などで練習して、より伝わる声を手に入れます。

言葉の1音目を特にがんばってエネルギッシュにすると、説得力が3倍アップ！

「伝える」から「伝わる」になり、同じ言葉を伝えても、ビジネスがスムーズになります。

❷ 前日の練習では声を出さない

非常に重要なプレゼンの場合、本番前日は声を出しての練習はNG。疲れてしまいます。声を出しての練習は2日前までにしましょう。

前日は黙読したり、イメージトレーニングしたりして、話の内容を確認したりして過ごします。

なお、万一、声がかれるなど、声の調子が悪くなってしまった場合は、第5章の182ページを参考にしてください。

❸呼吸とリラックスで「不安の断捨離」

当日、プレゼンや重要な打ち合わせなどの場所に行く前に、不安を解消するための**「不安の断捨離」**を実践しましょう。

まず、深い呼吸をします。10秒間数えます。息をしっかり吐ききります。その後にたっぷりと吸い込みます。

この動作をくり返して、不安を息にのせてすべて吐き出しましょう。

緊張で浅くなった呼吸を深い呼吸に戻し、力強い「伝わる声」を出す準備が整います。

48ページで風鈴のたとえ話をしたように、発声によけいな力みは禁物。肩の力を抜くことも重要です。

肩を落としてリラックスすると、声がスムーズに出やすくなります。

もし肩の力を抜くのが難しい場合は、イスの背にもたれかかり、上半身の力を抜きましょう。

肩を下げながら手をブラブラさせ、「あー」とあくびのように声を出して息を吐ききると、リラックス効果がさらに高まります。

心身が次第にほぐれ、自然な状態で本番に臨めるようになります。

〈重要なプレゼンや商談の本番当日〉

❹いろんなツールを最大活用する

プレゼンやセミナー登壇などで、部屋が広いと声が届くか不安な場合がありますね。

実は、**声の力を最大限に活かしつつ、ツールを上手に使うことで、より効果的に相手に伝えられる**のです。

「スミヤメソッド」はムリなくが基本。使えるツールをフル活用して、自分をラクにしていきましょう。

もし、声が届くか不安があるなら、**マイク**を用意するのも1つの手です。

最近では、手ごろなマイクもあります。

マイクを使う場合は、声量を一定にすると聞こえやすいです。ただ、最初の1音目はしっかり出しましょう。

また、部屋の一番奥の人にきちんと伝わる声を心がけましょう。事前に人に聞いてもらい、隅まで聞こえているか確認をするようにします。

❺ 視覚的に伝わりやすい環境を整える

「メラビアンの法則」で視覚情報が55％とお伝えしましたが、声だけに頼らず、声だけでは伝えられない絵や写真の入ったスライドや資料を活用することも重要です。

さらに、**自分と相手の距離も重要**です。席が動かせるなら配置を工夫して、相手があなたの話に集中できるような環境を整えましょう。

聞く側への配慮も大切です。たとえば、相手が空腹だったり、体調不良だと集中力が下がってしまいます。状況がゆるすなら、軽いおやつやキャンディを配ったり、おいしいお茶を用意して場をなごませるのもいいですね。

ちなみに、同じ理由で、言いにくいことを上司に伝えるときなどは、昼食や夕食前など空腹時を避けましょう。

＊＊＊＊

最後に覚えておいてほしいことがあります。

相手が聞きたいのは、あなたの「姿」や「声」ではなく、あくまで、あなたの伝える「情報」です。

相手に必要な情報を確実に届けることを第一に考え、利用できるツールはなんでも使い、商談やプレゼン、セミナー、ライブ配信を成功に導いてください。

第4章

スミヤメソッド❸

「伝わる声」で信頼感を手に入れる

誰でも最高の声が手に入る

厚化粧よりもスッピン声を目指す

多くの人が「好印象」を得たくて、話し方を工夫しようとします。

しかし、話し方がまだ初心者なのに、高度なテクニックを使おうとするのは、赤ちゃんが厚化粧をするようなもの。素肌のほうがよっぽど感じがよいのに……。声も同じで、飾るほど相手の心は離れていきます。

もちろん話し方のテクニックがすべて悪いわけではありませんが、**まずは「声」のベースを整えることが大切**です。

「うまく話さなくては」とがんばると、自分に大きなストレスがかかります。ですが、多くの人は自分がストレスを感じているなんて気づいていません。

第1章では「シーンや相手によって声色や話し方は変えるもの」という伝え方の思い込みに対して、「声色や話し方は変える必要がない。むしろ、一貫性があるほうが信頼される」とお伝えしました。

この章では、その一貫性を持った「伝わる声」をつくるための基本を見ていきます。

ここで重要なのは、**無理につくり上げた声ではなく、あなたの自然な地声をベースにする**ことです。

とにかく「自分らしく話してみる」こと。

第1章でもお話ししたように、人はリラックスした自然体の人を好みます。「うまく話さなくては」と、力むのはもう終わりにしましょう。

自信満々で「立て板に水」で話す人よりも、たとえ自信がなくても自然な声で話す人のほうが、より誠実な印象をあたえます。

自信がないままでも大丈夫。

いきなり「好印象」を狙うよりも、印象を悪くしない話し方を目指しましょう。

そうすれば気持ちがラクになり、呼吸が深くなって、「伝わる声」も出やすくなります。

その声で第2章の「伝わる話し型」に言葉をあてはめれば、自然なうえに印象もよくなりますよ。

伝わる声の第1歩

まずは声のガソリンを十分に入れよう

質問です。

声を生み出すエネルギー源はなんだと思いますか？

ボイトレで同じ質問を生徒さんにすると、さまざまな答えが出てきました。

「感情」「言葉の強さ」「やる気」「気合い」……。

どれもそれっぽいですが、本書の正解は**「呼吸」**です。

「なんだ、そんなことか」と思われたでしょうか？

しかし、これまでにボイトレの生徒さんで、声のエネルギー源を「呼吸」と答えた人はほんのひとにぎりでした。

それほど、呼吸は当たり前すぎて、意識しない存在になっているのです。

そもそも、声が出るしくみをご存じでしょうか？

私たちの声は、息の力で声帯《せいたい》をぶるぶる振るわせて生まれます。

話すためには、しっかりと息を吸うことが重要です。にもかかわらず、息を十分に吸わずに話しはじめる人がとても多いと感じます。プロでもほとんどの人が気づいていません。

当然、私のボイトレに来る人たちも、「話す前に息をしてくださいね」と教えるととまどいます。

十分に息を吸わずに声を出すのは、車にガソリンをほとんど入れずに走り出すようなもの。

声の小さい人、通らない人はまず、**目の前にある「自然の恵み」=「空気」をいつもより3〜5倍吸うことを心がけましょう。**それだけで声はよくなります。

うまく息が吸えない人という人は、次の例文を歌わずに読んでみてください。

■さいた　さいた　チューリップの花が

いつも通りの声ですね。

今度は、これを歌詞として歌ってみてください。

すると、「さいた」の「さ」と歌い出す前に、自然と「スーッ」と息を吸ったのではないでしょうか？

この感じで息を吸って話をするだけでも、「伝わる声」に近づきます。

このように、無意識にしていた呼吸を意識的に整えることが、「伝わる声」への第1歩なのです。

伝わる声のつくり方①

〝信頼される地声〟をかんたんに手に入れる

それでは、いよいよあなた自身の「信頼される地声」をつくります。

まずは「地声」を見つけましょう。ボイストレーニングで私がこう「地声」をすすめると、「地声でいいんですか？」と生徒さんに驚かれます。くり返しますが、地声こそ「伝わる声」の土台です。

「地声」とは、親しい友人や家族と話すときに、知らず知らず使っているニュートラルな声のこと。たとえば、いびきやあくび、赤ちゃんの「あー」といった音も「地声」に近いものです。

「地声」は通常、少し低めであることが多いですが、この低い声が人に暗い印象を与えるわけではありません。

実は、**地声が暗かったり、不機嫌に聞こえるのは、息（呼吸）の量が不足しているため**です。エネルギー（呼吸）不足の声は暗く聞こえがちなのです。

逆に、呼吸の量が多い人は、声にも自然とエネルギーがこもり、自信があるように見えます。

多くの人がビジネスや特別な場面では「よそゆき声」を使っていて、「地声」を使っては失礼だと思っている人がほとんどです。

そのため、多くの人は自分の「地声」がどれなのかわからず、「地声を出して」と言われても、すぐには出せません。

では、実際に自分の「地声」を見つけてみましょう。

〈誰からも信頼される声になる〉

ステップ1…イスの背にもたれて「地声」を見つける

墨屋'sレッスンはここから!

まずはリラックスしましょう。

イスやソファに深く腰かけ、**100%背中を背もたれにあずけた状態で、リラックスして息を吐ききってください**（吐ききることが深いリラックスには重要です）。お腹に手を当てて、お腹がへこんだら吸ってください。実はこれだけで、いわゆる「腹式呼吸」ができています。また、イスでなくても床やベッドなどに寝転んで行ってもオッケーです。その場合は背中を床に完全につけます。

次に、「地声」を見つけます。同じように100%背中をつけた状態で、息を吐いて吸います。そして「あーーー」と大きめの声を出してください。

声を出しながら5秒くらいしたら、そのまま舌をべーっと出し、「えー」という声に変えてください。落ち着いた音になります。これが「地声」です。

驚くほど華のある、よい声が出て、おどろくかもしれません。

なぜなら、人は背中を何かにつけて声を出しきるときは、必ず「腹式呼吸」になっています。つまりこのステップで出す声は「地声＋腹式呼吸」となり、地声を格上げした、よい声になるのです。

お腹からのたっぷりの呼吸の声は、長い説明や大勢に伝えるのに最適です。

のどの奥あたりで響く声が出ている感覚や、いつもの声よりも少し低い位置から出ている感覚があるかもしれません。いわゆる「お腹から声を出しましょう」の感覚がこれです。この感覚をしっかりと覚えておいてください。

声は人そのもの。
この**「地声＋腹式呼吸」があなたの体に合った声であり、緊張感がなく、相手に好印象を与える「伝わる声」**なのです。

＊＊＊＊

まずはステップ1だけでもＯＫですが、さらに上の声を目指したい方は、この地声を土台に、次のレベルに進みましょう。

「もっと伝わる声」へと進化しますよ。

〈誰からも自信のある人に見られる〉

ステップ2…ビジネスで使える「もっと伝わる声」に進化

墨屋'sレッスンはここから!

ステップ1の声を「もっと伝わる声」にするには、「あくび」を使います。

同じようにイスに深く腰かけ、背もたれに100％背中をつけた状態にします。あくびをしながら、「あー」と言ってみましょう。「ふわぁ〜〜〜あーーーー」という感じです。

ステップ1よりも声が体の奥から出る感じになり、まるでオペラ歌手のように、さらに響く声になったのではないでしょうか？

これがあなたの**「もっと伝わる声」**です。

「あくび」をしているときは、十分に体がリラックスしているので、このとき出る声が「生命体として自然に出てくるよい地声」なのです。

「伝わる声」＝「エネルギッシュな地声」です。

もしこの地声を自分で「暗い」と思ったら、この地声のまま少し音階を上げれば（声を高くすれば）ＯＫ。

音を上げても、あなたの地声であることに変わりありません。

地声にはいろんな段階があるのです。

＊＊＊＊

ステップ１や２だけでも十分によい声になるのですが、リーダーになりたい方、影響力を持ちたい方は、次の「声の感情カラオケトレーニング」をしましょう。

地声にもっと息をプラスできます。

〈さらに息を足して、声の影響力アップ〉

ステップ3…「声の感情カラオケトレーニング」

このトレーニングでは、「ハッピー」というポジティブなワードを使って、地声に息をプラスします。人は、ポジティブ感情のワードを言うとき、おのずと息がプラスされるからです。

次の言葉を、イスの背もたれに背中をつけたまま言ってみてください。

「ハ・ハッピー、ハ・ハッピー、は・じめまして」

「はじめまして」の「は」も「ハッピー」の「ハ」の気分で言ってみましょう。

こうすると、「はじめまして」の印象アップ。

このトレだけで、明るく「伝わる声」になります。

アナウンサーなどのプロでも、エネルギッシュな気持ちのよい声を出す人は、人気が出ます。

伝わる声のつくり方②

声が小さい人でも、一瞬で声が通るようになる!

突然ですが、あなたの声は**「置き配」**になっていませんか?

ここまでで、あなた自身の「最高の声」を見つけられましたね。

しかし、せっかくのよい声も、相手に届かなければ意味がありません。

人と話しているときに「えっ?」と聞き返されることがありませんか? あるいは「声が小さい」と言われたり……。これは、声を相手に「届けて」いない状態で、まるで「取りに来てください」と言っているようなもの。

つまり、**「声の置き配」状態**なのです。

相手はあなたの言葉をなんとか聞き取ろうとしてくれるかもしれませんが、それが相手に負担やストレスとなることもあります。

声は相手にしっかり届ける必要があります。

言葉を発したらそのまま届くと思いがちですが、**言葉は「ギフト」です。相手に確実に届けなければ、その意味を果たしません。** そして、声はそのギフトを届けるための「ツール」なのです。

では、どうすれば声を相手に確実に届けられるのでしょうか？

その答えは**「十分に吸った息」**を使うことです。

そして重要なのは、**相手との距離に（結果的に）ぴったり合った声を出す**ことです。

たとえば、隣にいる同僚に話しかけるときと、5メートル先にいる人に声をかけるときでは、吸う息の量が自然と違います。

この息の自然な微調整こそが、言葉をギフトとして相手に届けるためのポイントです。

大事なのは、相手との距離を意識し、その距離に合った息を準備して話しはじめること。

この感覚をきちんとつかむために、次のトレーニングに進みましょう。

1回で効果あり！　声が絶対出る「やまびこトレーニング」

息をしっかり使いながら、**相手との距離に応じて声を調整する方法が「やまびこトレーニング」**です。

声が小さいと言われる人も、必ず届くようになります。

以下のステップで試してみてください。

①目の前のパソコンのディスプレイに向かって「ヤッホー」と言う。

②次に、部屋の中の棚や壁に向かって「ヤッホー」。

③さらに、隣の部屋のテレビや棚に向かって「ヤッホー」。

④(可能なら)最後に、窓の外にあるお隣の家のベランダに向かって「ヤッホー」。

どうでしょうか？「ヤッホー」の前に、息を吸いましたよね？

「〈息〉ヤッホー」の、この息の使い方が普段からできれば、声が相手に聞こえやすいはずです。

また、このトレでは、私が「大きな声を出して！」と言わなくても、自然と**目で距離を測り、声の大きさを調節した**のではないでしょうか。

そうです。**声の音量を決める有効なスイッチは「目」**なのです。

私たちは、目で相手との距離を確認すれば、その距離に合った息を無意識に吸い、ちょうどいい音量で声を出せます。

山頂から向かいの山に「ヤッホー」と呼びかけるとき、小声になることはありませんよね？

これも、目で距離を感じ取り、調節しているからです。

この**「やまびこトレーニング」のすごいところは、誰でも一度やれば声の大きさを調節する感覚が自然と身につく点**です。

ぜひ試してみてください。

どれか1つでもオッケー！声をラクに鍛える5つの声トレ

次に紹介するのは、声をラクに鍛えるためのトレーニングです。
声を確実に伝えるためには、呼吸を意識して鍛えることが大切です。
まずはやりやすいほうを選んで、さっそくはじめましょう。

〈声に力強さが生まれ、説明力がアップする〉

①「ストローぶくぶくトレーニング（ロング）」

コップ（ペットボトル）に深さ1センチの水を入れ、ストローを差します。
次に、**5秒間かけて息をたっぷり吸い込み**、ストローを通して水に「フーーーーー」とできるだけ長く息を吐き続けてみてください。**息の強さは**

一定に保つことがポイントで、強すぎず弱すぎず、ちょうどいい強さが大事です。息はどれくらい続きましたか？　時計やスマホのタイマーなどで時間を見てみましょう。最初は15秒ぐらいの人が多いです。

毎日〜毎週続けて、少しずつ秒数をのばしていき、**20秒できたら十分**です。40秒になるとナレーターや声優などのプロ級です。

このトレーニングによって、声に力強さが生まれ、話が相手にしっかり伝わりやすくなります。

コップ（ペットボトル）とストローは洗面所や脱衣所、浴室に置いておくと、歯みがきや入浴と一緒に習慣化しやすくなります。1日に何回やっても、1週間に1回やってもかまいません。

まずは、ゲーム感覚で秒数をのばすチャレンジを楽しんでみましょう。肺を鍛えるのでご高齢の方にもオススメです。

また、かなり腹筋を使うので、ウエストもきゅっと細くなりますよ。

〈重要な会議やプレゼン、配信前に即効！ 説得力アップ〉

②「ストローぶくぶくトレーニング（ショート）」

①のショートバージョンです。

まず、コップに1センチ水を入れたら、ストローで吹き矢のように、短い息を水に「フッ!」勢いよく出しましょう。これを10回ほどくり返します。

もし水がコップからこぼれてしまう場合は、空のコップやペットボトルを使ってもかまいません。

このトレーニングは**息のプッシュ力を高め、声に「存在感」と「説得力」を加えます**。また、声の通りやすさも異次元にアップします。

「墨屋です」「おはようございます」「こんにちは」「ありがとうございます」といった短いフレーズにもしっかりと息が乗るようになり、相手に届きやすくなります。**名前を聞き間違えられることが多い人にもオススメ**のトレーニングです。

頬の筋肉を使うので小顔にもなるおまけ付きです!

即効性があるので、**重要なプレゼンや会議、ライブ配信などの前に行うと、声がよりクリアに響きますよ。**

〈オフィスでも声の筋トレを〉

③「エア・ストローぶくぶく」

パソコン作業中は、息が浅くなったり、無意識に何秒か息を止めてしまうことがあります。

これを「スクリーン無呼吸症候群」と言いますが、呼吸が浅くなると脳に酸素が十分に届かず、仕事の効率が落ちるかもしれません。

そんなとき、「エア・ストローぶくぶく」をしてみましょう。

これは、ペットボトルとストローを使わずにイメージで行う「ストローぶくぶくトレーニング」です。①や②のトレーニングで、コップやストローを毎回用意するのが面倒に感じた人にもオススメです。

ロングバージョンでは、**ストローがあるつもりで、口をすぼめて細く長く息を空中に吐き出します。**吐き出したらたっぷり息を吸い、これをくり返します。

ショートバージョンでは、ストローを使って吹き矢をするつもりで、**短く強く息を空中に「フッ！」と吐き出します。**

これなら、**仕事の合間にでも声の通り道を鍛え、しっかり呼吸を整えられます。**

〈プレゼンを制し、カラオケもうまくなる〉

④「リップロールトレーニング」

口を閉じた状態で勢いよく息を吐くと、唇が「ブルブルブルブル……」と震えますが、これを**「リップロール」**と言います。これをしながら声を出すことで、ブレない「伝わる声」を鍛えることができます。

まず、**上半身の力を抜いて、たっぷり息を吸い込みましょう。**その後、リップロールをしながら、「ウーーーーー！」と声を出します。できれば**5秒以上**続けてください。このときの「ウ」の音が、安定した「伝わる声」になります。

このトレーニングの特徴は、**リップロールができる人にはとにかくラクに行え**

ることです。リップロールが苦手な人も、少し練習すればできるようになり、ムリなくブレない声を出せるようになります。**声が安定する**ため、特に長く話す場面やプレゼンで効果を発揮します。

プロのおまけ技をお伝えしますと、このリップロールをしたまま歌を歌って練習すると、カラオケが上手になります。

〈外でもどこでもイメトレを〉

⑤「ロウソク１００本イメトレ」

最後にご紹介するのは、イメージトレーニングです。

ケーキの上に自分の目の前から奥に向かって１００本のロウソクが並んでいるのを想像し、それをひと息で全部消すつもりで息を吐き出してください。

「エア・ストローぶくぶくトレーニング」と同じですので、お好みのほうで。

イメトレの強みは、どこでもできることです。

パソコン作業中だけでなく、前に人がいなければ、電車やバスの中、移動中など外でも頭の中でイメージしながら実践できます。

気軽に続けることで、一定の息を吐き続けられるようになり、「スミヤメソッド」でお教えしている「伝わる声」になります。

第4章の要点チェック！

◆**自然な地声をベースにした「伝わる声」を目指す。**

ムリにつくり上げた声ではなく、自然な「地声」をベースにする。しかし、地声を整えないまま高度な話し方テクニックを使おうとすると、ストレスがかかる。

◆**声を出すエネルギー源は「呼吸」。**

「伝わる声」を出すには、十分な呼吸が必要。息をしっかり吸って声を出すことで、エネルギーがこもった声になる。

◆**地声を見つける。**

ステップ1…イスにもたれて、リラックスして「あーえー」と声を出し、自然な地声を確認する。

ステップ2…イスにもたれた状態であくびをしながら「あー」と声を出すと、さらに響くよい声が出る。

さらによい声にしたいなら、ポジティブワードを言う気分で声を出す。

◆声は誰でも一瞬で通るようになる。

声が相手にきちんと届くよう、呼吸と声の大きさを調整することが重要。そのために、やまびこトレーニングで距離感を学んで、相手との距離に応じて自然に声を調整する感覚を身につける。

◆声をラクに鍛える5つの声トレを1つでも行う。

①「ストローぶくぶくトレーニング（ロング）」で声に力強さをつける。

②「ストローぶくぶくトレーニング（ショート）」で説得力を高める。

③「エア・ストローぶくぶく」で仕事中でも息を深く吸えるようにする。

④「リップロールトレーニング」でブレない声をつくる。

⑤「ロウソク100本イメトレ」で一定した呼吸が続けられるようにする。

コラム

打ち合わせやライブ配信でも！オンラインでもさらに伝わる7つのティップス

私は声だけではなく、声も含めた「自分の魅せ《み》方」のコンサルティングもしています。

最近、増えてきたオンラインで最高に「伝わる」方法をお伝えします。

❶顔を小さくよい感じに見せる

まず、カメラの位置は重要です。ときどきカメラを見下ろすような「上から目線」の姿勢で参加している人がいますが、これでは表情がよく見えず、相手に対していい印象を与えません。**自分の目線と同じくらいの高さ、または、ほんのわずかにカメラを見上げるくらいの位置に調整**しましょう。

また、**画面いっぱいに顔がドアップで映るのは、相手に圧迫感を与えることが**

あります。オススメは、胸から上が映るようにカメラの角度を調整することです。これにより、自然でバランスの取れた印象を与え、相手に安心感をもたらします。顔が小さく見える効果もあり、一石二鳥です。

次に、座る位置や姿勢にも工夫が必要です。画面の中央にどっしりと座るのではなく、少し左か右にずらして座ることで、カジュアルな印象を演出できます。さらに、真正面を向くのではなく、ほんの少し斜めを向く「キャスター座り」をすると、体が細く見える効果もあります。

❷「明るさ調整機能」を使う

暗い画面でオンライン会議に参加すると、表情が暗く、不健康に見えてしまい、相手に不快感を与えかねません。デスクや部屋のライトをしっかりつけて明るくするのは必須。さらに、オンライン会議ツールに内蔵されている明るさ調整の機能も利用しましょう。**明るさ調整をオンにするだけで、顔が明るく見え、印象がぐっとよくなります。**

たとえばZｏｏｍなら「設定」メニュー内に「低照度に対して調整」という機能があります。「自動」に設定すれば、周囲が暗いときに自動で明るくしてくれます。

❸ 背景も「自分に似合う色」にすると、自分を3倍よく見せる

オンライン会議やライブ配信の背景に使う壁やバーチャル背景の色は、自分に似合う色にしましょう。いろいろな色を試してみると、自分に似合う色がわかってきます。

また、服とのバランスにも気をつけましょう。たとえば、白い服を着ているときに背景も白だと、全体がぼやけてしまい、見栄えが悪くなります。もし着る服が自由な職種の人であれば、明るい色がいいでしょう。相手の気分も上がりますよ。

❹コップやペンも「自分に似合うもの」を選ぶ

オンライン会議中に使うペンやカップといった小物は、テレビの世界でいえば「小道具」に相当します。これらも自分を素敵に見せてくれるアイテムとして有益です。

たとえば、**エレガントなインスタグラマーでしたら、飲み物を紙コップやペットボトルで飲むよりも、すてきなグラスで飲んだほうが感じがよく見えます。**

❺動きはすべて「情報」になる。もじもじ動かない

オンラインでは、画面が小さく、ちょっとの動きも相手に「情報」として伝わります。**必要のない動きやジェスチャーが、相手には気になる「ノイズ」として感じられます。**ムダな動きは避け、必要なメッセージをしっかり相手に届けるため、落ち着いた態度を心がけましょう。

カジュアルな打ち合わせであれば多少の動きは問題ないかもしれませんが、フォーマルな打ち合わせでは、ムダな情報を相手に送らないように意識しましょう。

❻話しはじめと、話し終わりをきちんと示す

オンラインでは、対面のような阿吽《あうん》の呼吸は通じにくいものです。**話しはじめには手を挙げて、みんなの視線を集めた後に話すときちんと聞いてもらえます。**

話し終わりには「以上です」と伝えて、自分の話が終わったことをきちんと参加者に示しましょう。

これによって、会議の進行役は安心して次の議題に移ることができますし、相手も必要に応じてそのタイミングで発言できるようになります。

明確にはじめと終わりを示すことで、会話の流れがスムーズになり、オンライン特有のコミュニケーションギャップを防げます。

❼カンペは「画面に」貼ればいい

会議によっては、カンニングペーパーや原稿、メモなどが手元に必要な場合もあります。しかし、それらをデスクに置くと、確認するたびに目線や首を下げる必要がありますね。

オンラインでは、カメラのレンズに目線を合わせることが最も重要です。

もし可能であれば、読むためのメモなどは**パソコンのディスプレイの端に直接貼ってしまいましょう**。これで、目線を大きく外さずにメモなどを確認でき、自然な印象を与えられます。

第5章

よくある声の悩み別！スミヤメソッドで即解決

ここからは、よくある声関係の悩みについて、私が具体的な「処方箋」を出していきます。あなたの悩みに当てはまるものがあったら参考になさってください。

悩み1
声が老けた気がする（かすれ、弱々しい、低くなる）

「なんだか声が老けた気がする」というのはよく相談される悩みです。

でも、70代、80代の声優が幼児や若者の役を演じているように、**声は日常的に使い、トレーニングを続ければ若々しさを保てます**。

コロナ禍前と比べると、対面で人と話をする機会が減った人も多いかもしれません。この状態を放っておくと、体の筋力が衰えるように、声に関わる筋肉（声帯）や肺活量も使わないとどんどん衰えていきます。

その結果、かすれる、弱々しい、低くなるといった「老け声」になるのです。

まず大前提で、高い声が若い声というわけではありません。年を重ねるとムリが利《き》かなくなるので、強引に若い頃の理想の声を出そうとすると老けた気がするかもしれません。

自分らしいよい声をキープして、老け声を解消するには、まずは**毎日、会話や音読で声を使うことが大切**です。その際はもちろん、148ページで見つけた地声を使います。

もしふだん人と話す機会があまりないなら、声を出す機会をつくりましょう。

目に入るものは全部、音読の教材です！

たとえば、目に入ったペットボトルの文字。

電柱の広告。カレンダーの説明文。カラオケ。コンビニのレシート。

テレビや動画の字幕。

他に、自己紹介文や雑誌、大好きな小説など、なんでもかまいません。

これらの文字を毎日声に出す習慣をつけましょう。

リラックスして呼吸しながら声を出してほしいので、寝転がって読んでもかまいません。

音読は脳を鍛える効果もあると言われています。

また、音読を習慣にしていると、口周りの筋肉が鍛えられるため小顔にもなり、口角も上がります。

さらにテレビを見ながら、「ストローぶくぶくトレーニング」のロング、ショート、それぞれバージョンも毎日楽しく取り入れましょう。

ストローぶくぶくはウエストもきゅっと引き締まりますよ。

処方箋

- **毎日肺や声帯を使うよう、会話や音読でとにかく声を出す。**
- **「ストローぶくぶくトレーニング（ロング・ショート）」（160、162ページ）**

悩み2

声の調子がよくないのに3日後に大事なプレゼンがある!

大事なプレゼンなどが控えているのに声が出ないのは不安ですよね。

私も2カ月ほど、声が出なくなったことがあります。

その際の医師からのアドバイスは、「とにかく声を使わないこと」でした。

できれば丸1日しゃべらない。それが声を回復させるいちばんの方法です。

そのために、声を使わないプレゼン練習方法もあります。

ひたすら黙読やイメージトレーニングをするのです。これであれば声を出さなくてもできますし、タイムキープの練習はできますね。

他の人との連絡や意思疎通は筆談やメール、LINEで対応するなど、とにかく声を温存しましょう。

特に**咳と、ささやき声は厳禁**です。

咳はともかく、ささやき声が厳禁とは意外かもしれませんが、ささやき声の声帯への負担は非常に大きいのだそうです。

どうしても声を出さないといけない場面でも、なるべく地声に近づけて話しましょう。

ムリに声を張ったりせず、こまめな休憩と水分補給を心がけます。

水分をとるときは、小さな滝に水が流れている光景をイメージして少しずつこまめに飲みましょう。水はできれば常温にしてください。

プレゼン当日の工夫は〝隠しミンティア〟

プレゼン当日は、マイクの音量を調整してもらうなど、ツールを使って声の負担を軽くすることも大切です。

また、発表形式を対談形式やワークショップ形式にするなど、声を出す時間を短縮する方法も有効です。1人で悩まず、周りに相談して負担を軽減しましょう。あるプロフェッショナルに教えてもらった、秘密の方法があります。オペラ歌手も実践しているそうです。

それは、**講演中に市販菓子「ミンティア」をこっそり口に含むこと**。いわば〝**隠しミンティア**〟です。

口がスッキリして、のどが唾液でうるおい、声がとても通りやすくなります。いろんな種類があるので、自分の好きな味を選ぶとより効果的です。

なぜなら、ハッピーな気持ちでいることが声を解放してくれるからです。

私はミンティアのピーチ味や「龍角散ダイレクト」もお気に入りです。

スミヤ流「のどケア」のススメ

普段からのどのケアをしておくことも、声の調子を保つためには非常に重要です。以下は、私が実践している**「のどケア」**のポイントです。

・飲み物

常温の真水やハーブティー、生姜湯《しょうがゆ》がオススメです。

飲み物は一度にたくさん飲むのではなく、少しずつこまめに飲みましょう。コーヒーやお茶は脱水作用があるので、**常温のお水**がベストです。

・加湿する

加湿器を活用し、のどの乾燥を防ぎます。最近は、ポータブル加湿器が販売されていて、出張や旅先でも気軽に使えるので、私も愛用しています。また、寝るときにマスクをつけることで、のどの乾燥を防げます。

・**食べ物**

のどの調子が悪いときは、炭酸飲料、コーヒー、アルコール、そして辛いもの、甘いもの、油分と塩分の多い食べ物は避けたいです。

私のオススメの食べ物はマヌカハニー。マヌカハニーを口に少量含み、ゆっくり溶かしながら飲むことで、のどの調子が整います。

処方箋

- **とにかく声を使わないで、黙読やイメージトレーニングをする。**
- **普段からのどケアをする。**
- **本番当日はツールやマイクを活用し、のどの負担を減らす。**

悩み3

早口になってしまう

早口の人はとても多いもの。でも、早口で話されると、相手はそのスピードに合わせて内容を理解しなければならず、負担が大きくなります。

実は、かくいう私も早口でした。

新人の頃、ニュースを読むときに緊張して、早くニュースを読んで終わりたいと無意識に思っていたのでしょう。先輩から、「ニュースを自分の耳で聞いてる?」と言われて、目からウロコ。

それまでは、自分が話すニュースの内容を理解することばかりに集中して、自分の声が他人にどう届いているかなど意識していませんでした。考えてみたら、**私の声を聞くのは私ではなかった**のです。

早口を直したい場合、自分の話を自分の耳で聞いてみるトレーニングをしましょう。**「自分で言ったことを自分で聞く」という意識を持つだけで、話すスピードは落ちます。**

また、**言いたいことが多すぎるのも早口になる原因**です。

できれば、そのとき伝えたいことを1個に絞りましょう。

もし、プレゼンやスピーチなどで、決められた時間内に話が終わるか心配な場合は**話す内容を80〜90%ほどに削り、間を取る余裕をつくりましょう。**

これで、時間オーバーを気にせず、相手に伝わりやすい話し方ができます。

相手にしっかりと伝わることを第一に考えると、自然と早口は改善されるはずです。声をギフトと考えて、相手が確実に受け取れるように意識して話してみてください。

第2章で説明したように、話す際には、1音目にアクセントをつけて、後は自然に下がってくることが大事です。

また、意味のまとまりごとや、強調したい言葉の前で息継ぎをするようにしましょう。

これだけで、自然な間《ま》が生まれ、相手はその間を使って内容を理解できます。

処方箋

- **自分の話を自分の耳で聞いてみる。**
- **伝えたいメッセージを絞り込み、話す内容は短めにする。**
- **意味のまとまりで息継ぎして自然な間をつくる。**

悩み4

言葉を噛《か》んでしまう

言葉を噛んでしまうことはよくあります。

特に、難しかったり、言いなれない言葉だと噛みやすくなります。**難しい言葉の場合は無理せず、小学生でもわかる言葉を使う**のがオススメです。

たとえば、**「進捗状況を報告してください」↓「進み具合を報告してください」**などです。

【言い換え例】

・進捗状況（しんちょくじょうきょう）↓進み具合

・期日厳守（きじつげんしゅ）↓締め切りを必ず守る

・顧客満足度（こきゃくまんぞくど）↓お客様がどれほど喜ばれているか

・競争力の強化（きょうそうりょくのきょうか）↓競争力を強める

・視聴者プレゼント（しちょうしゃぷれぜんと）↓見てくださっている方へのプレゼント

置き換えられなかったり、どうしても使わなければいけない単語は練習しましょう。

また言いにくい言葉は、言うスピードを落とすのも、ちょっとしたコツです。

とはいえ、噛まない人間はいません。プロのアナウンサーでも噛んでしまうことはありますから、あまり気にしすぎる必要はありません。

噛みやすい言葉も、練習すれば改善できます。

よく使うけど噛んでしまう言葉をリストアップして、スムーズに言えるようになりたい言葉を集めた**「パワーアップワード集」**をつくり、くり返し声に出して練習しましょう。

毎日は難しいでしょうから、商談やプレゼン、ライブ配信の前に声に出してトレーニングするだけでも効果があります。勉強でできない単元を集中して学ぶのと同じです。

ビジネスマンなら、早口言葉をくり返すよりも、噛みやすい仕事で使う言葉を重点的に練習するほうが、はるかに役立つでしょう。

処方箋

- **難しい言葉を言い換える。**
- **「パワーアップワード集」をつくって、噛みやすい言葉をチェックし、集中して練習する。**

悩み5

説明が伝わらない

説明が下手な理由は3つ考えられます。

説明下手な理由① 一文が長い

一文は短いほうが伝わります。なぜなら相手の記憶に負担がかからないからです。短く伝えるコツは、文章を意味のまとまりで短く区切って、ひと息で話しきることです。目安として、1つの意味のまとまりが20字くらいだと伝えやすく、相手にも理解してもらいやすいでしょう。

■下手な説明の例：

「昨日、クライアントと打ち合わせをして、今後のプロジェクトの進行スケジュー

ルについて話し合ったんですが、その後に部長に報告して、さらに取引先への確認も必要だったから、遅くまで会社に残りました」

この説明は一文が長い！　要点が複数含まれていて、聞く側にとってわかりにくくなっています。話の構成を変えず、まずは一文を短くしてみましょう。

■改善例：

「昨日、クライアントと打ち合わせをしました。今後のプロジェクトのスケジュールについて話し合いました。その後、部長に報告し、取引先への確認もしました。そのため、遅くまで会社に残りました」

一文を短くすることで、聞く側も内容が整理され、伝わりやすくなります。

説明下手な理由② 内容が難しい

文章に専門用語が多すぎると、話が必要以上に長く感じられます。

■専門用語が多い例：

「このパソコンは、ＳＳＤの容量が５１２ＧＢで、メモリはＤＤＲ４の16ＧＢ、さらにＣｏｒｅ ｉ7プロセッサを搭載しているから、処理速度がすごく速いんだよ」

この説明だとパソコンに詳しくない人には理解しにくく、長く感じられます。

■改善例：

「このパソコンは、容量が大きくて、動きがすごく速いんだよ。だから、作業がスムーズにできるよ」

このように、専門的な言葉を日常的な言葉に置き換えて、一文を短くするだけで、誰にでもぐっとわかりやすくなります。

説明下手な理由③ 説明するメリットを相手に事前に伝えていない

相手が話を聞く準備が整っていないと、結果的に「説明が下手だ」と思われてしまうかもしれません。説明がうまくいかない原因の1つは、相手にとってのメリットを事前に伝えていないことです。

たとえ説明が完璧でも、相手が「この話が自分にどう役立つのか?」がわからなければ、話の中身に注意が向きません。相手の関心を引くために「メリット」を最初に伝えることが、効果的な説明につながります。

■メリットの伝わらない説明例：

「新しいサービスの詳細を説明します」

これでは何を言われるのかわからないので、相手は警戒しますね。

■相手にメリットが伝わる説明例：

「新しいサービスは、コスト削減に役立ち、貴社の利益向上につながります」

このように最初にメリットを伝えると、相手は興味を持って話を聞く姿勢になります。

聞く側の集中力はそう長くは続かないため、説明は短めにし、わかりやすい言葉を使うことが大切です。

また、相手が欲しい情報を提供しているかも考えましょう。人は自分にとって重要な情報なら、多少難しくても理解しようとします。

話がうまく伝わらないと感じたら、相手が求めている情報に焦点を合わせて話の内容を見直してみてください。

処方箋

- **一文を短くする。**
- **専門的な言葉を減らす。**
- **説明するメリットを事前に伝える。**

悩み6

最近、のどがつかえる感じがする

のどに「違和感」を感じるという悩みを持つ人は多いです。もしかすると、のどに負担のかかる話し方をしているのかもしれません。

人前では特別な声でなければならないと思っていると、発声や話し方が変なクセになってしまい、知らないうちに体にムリがかかっている可能性もあります。

「でも声はつくってないのに」と思う方も、自覚はなくても、印象をよくしよう、よく話そうという心のムリが、声のムリにつながります。

いったん**「自分の地声でも伝わる」**ということを信じて、話をしてみてください。

ムリをしないようにするために、まずは、148ページで見つけた「地声」で、声を出さずにリラックスしてみてください。

地声でいいんだとわかったら、第2章でお伝えした「意味のまとまりをひと息でまっすぐ話す」トレーニングもしましょう。心身にムリのない声で話せるようになれば、のどの違和感も改善されていくはずです。

それでものどの違和感が続く場合は、念のため病院へ行ってみましょう。

処方箋

- **ムリなく出せる地声を見つける。（148ページ）**
- **意味のまとまりをひと息でまっすぐ話す練習をする。（88ページ）**
- **のどの違和感が続いて気になる場合は病院へ。**

悩み7

声が小さくて「え?」と聞き返される

「声が小さい」と悩む人は大勢いますが、必ず改善できます。

原因によって処方箋は変わってきます。

たとえば、「昔、うるさいと言われた」「謙虚でいたい」など、心にストッパーがかかっている可能性もあります。

声が小さい原因は、心が緊張して呼吸が浅くなり、声のエネルギーである空気が不足したためです。ですから、意識的にリラックスすることが必要です。

まずは、深く息を吐ききりましょう。こうすると、その後、自然に吸えますね。

人前に出るときは、これを5回くり返しましょう。

また、呼吸は「腹式呼吸」になっているでしょうか。さらに、「ストローぶくぶくトレーニング（ショート）」（162ページ）も行ってください。これで、息の通り道を鍛え、声の存在感・説得力を強化します。

もし、十分に息を吸っているのに声が小さい場合、音量を自分でコントロールできていない可能性があります。呼吸をエネルギッシュに10倍にして声を出してみて。きっと届く声が出せます。

相手を目で見て、その人に声を届ける意識を持つことが大切です。「やまびこトレーニング」（157ページ）で自分と相手との距離感をつかみ、それに適した音量で声を出す練習をしてみましょう。

処方箋

- **空気が足りるよう呼吸を深くし、体をリラックスさせる。**
- **「ストローぶくぶくトレーニング（ショート）」（162ページ）**
- **「やまびこトレーニング」（157ページ）**

悩み8

大きな声を出そうとすると声が震える

ムリに大声を出そうとすると、声が震えてしまいますが、その場合、肩も上がってしまっているのではないでしょうか。

まずは、背もたれのあるイスに体をあずけてリラックスしましょう。

その後、肩を下げて、肩の力を抜くという**「緊張を取るアクション」**を行ってください。

プレゼンやトークを、「うまくやろう」とすると声が震えるので、うまくやろうとしないほうがよいです。普通を目指すくらいでＯＫ。

「伝わる声」はムリに出そうとすると出ません。

がんばらず、たっぷりした呼吸に言葉をのせます。「悩み9」の処方箋も参考にして、声の出し方を見直してください。
自分でがんばるのではなくて、呼吸の力に頼る！　そんな**「他力本願」**のイメージで話しましょう。

処方箋
- **とにかくリラックスする。**
- **「緊張を取るアクション」をする。**

悩み9

長く話すと、のどが痛くなったり声がかれたりする

長く話すとのどが痛くなったり声がかれるのは、のどの負担になる話し方をしていることが考えられます。

まず大事なのは**地声を使う**こと。のどが痛くなるのはムリをしている証拠です。ムリに声をしぼり出すのはNGです。

呼吸をうまく使えば自然に声は出ます。

第4章でご紹介したように、**地声を「伝わる声」に変える**ことが大切です。「伝わる声」が今までの声より低くても、気にする必要はありません。たっぷりとした息で言葉を発すると、心地よく相手にしっかり届きます。

声が届いていないと感じて大きな声を出しているという場合、相手との距離感をつかめていないか、もしくは声のエネルギーとなる呼吸が足りていないと考えられます。

相手との距離を意識し、十分届く量の息で話すと、のどを痛めることなく声がきちんと届くようになります。

また、この場合は「悩み2」の処方箋も参考にしてください。

私の知り合いのライターさんも、以前は、取材のたびにのどが痛くなるのが悩みでした。

しかし「伝わる声」を出すようになってから、5〜6時間の取材でも声がかれず、のどが痛くなることもなくなったそうです。

処方箋

・話しはじめる前にたっぷり息を吸う。

・地声を見つけ、「伝わる声」に変換する。（148ページ）

・「やまびこトレーニング」で声を届ける感覚をつかむ。（157ページ）

巻末付録

スミヤメソッド式伝授！話し方に関するQ＆A

私のボイトレに参加される方の多くは**「うまく話せるようになりたい」**と考えています。

最後に、実際に生徒さんから寄せられた「話し方」に関する質問の答えをご紹介します。あなたの悩みが当てはまったら、ぜひ参考にしてみてください。

Q. 相づちを打っているのに「本当に聞いてる?」と言われます。うまい相づちはありますか?

A. 宝くじが当たったときのような相づちを打ちましょう

たとえば、誰かから「1億円当たりました!」と言われたら、あなたはどう反応しますか？

「えーーー！　ほんとーー？」と驚いた声を出すはずです。

このとき、きっと感情を込めたエネルギッシュな「えー」が出ているでしょう。

実は、**このような感情豊かな声による相づちこそが、相手に「聞いているよ」という良い印象を与える**のです。

しかし、日常の会話の中では、つい相づちが機械的になってしまい、相手に「本当に聞いてる？」と思われがちです。

それは、あなたの相づちにエネルギーが不足しているからかもしれません。相づちは、単に打てばいいというものではなく、相手に「ちゃんと聞いていますよ」という気持ちを伝えるためのものなのです。

では、どうすれば相づちにエネルギーを込められるのでしょうか？

まずは話を聞きながら、**相づちを打つ前によく息を吐ききってから吸います。**

その後、「へー」「そうなんだ」といった相づちを言いましょう。

これで相づちに自然と息がのり、話もはずみます。

また、**相づちを長くしてみてください。**短く「えー」や「うん」で済ませるのではなく、頭にアクセントをつけて、少し伸ばして「えーーー」「へーーー」と言うだけ。それだけで、相手はあなたが本当に興味を持って聞いていると感じやすくなります。

この息がのった、長めのエネルギッシュな相づちを体で覚えておきましょう。

さらに、相づちを豊かにするための心構えも重要です。

すべての話を「自分にとっての学び」ととらえるマインドを持ちましょう。

そうすると、驚いたり、感心したりする気持ちが自然と湧き、より感情豊かなすごい相づちが打てるようになります。

答え：エネルギッシュで感情豊かな相づちを打てば、相手にしっかり聞いていることが伝わります。

Q. 人とどんな会話をしていいかわかりません

A. その前の出来事を聞いてみましょう

自分から「話を盛り上げなくては！」と気負う必要はありません。

まずは、今の状況やその前の出来事を聞いてみましょう。

たとえば、一緒にレストランに行ってメニューを決める際、相手に「今朝（お昼）は何を召し上がりましたか？」と尋ねると、そこから次に何を食べたいかという話にムリなくできます。

このような、相手が「はい／いいえ」だけでは答えられないような**「オープンクエスチョン」**を使うと、相手の潜在的なニーズを引き出しやすくなります。

仕事の打ち合わせの場では、「今日はどちらからいらっしゃいましたか?」や「この後、予定はございますか?」と聞くことで、相手の予定や今の状況を知ることができ、それに応じて次の話題を広げられます。

答え:相手に関心を持って話を聞けば、自然と会話は進みます。

Q. 大勢の人の前で話す自信がありません

A. うまく話そうとしなくていいんです！

私も以前、大きな仕事の初めての場面では自信がなく、前日に眠れなくなることもよくありました。自信というのは、理想が高ければ高いほど失いやすいものです。

あなたは、「うまく話せるか」「失敗して恥をかくのでは」と心配しているのですよね。また、人前で話す自信が欲しいと感じているかもしれません。

しかし、**話すことに対する「完璧な自信」を求めなくても大丈夫**です。

大事なのは、自分らしさを自然に出し、相手にとって聞きやすい話をすること。それだけに集中すれば十分です。

人前でも、本書でお教えしてきたように、普段の自分の話し方を少しエネルギッシュにするだけでいいのです。

自信がないときは、自分の話し方を気にするよりも、相手に向けたメッセージを伝えることに集中しましょう。

ビジネスの場で大事なのは、あなたの自信満々なトークではなく、相手にとって役立つ情報を提供することです。

なぜ、あなたが人前で話す機会が来たのでしょうか？　それは、あなたが相手にとって必要な情報を提供できるからです。

自分がどう見られるかは気にせず、相手に必要な情報を届けることに集中しましょう。

それだけで緊張が和らぎ、リラックスして話せるようになります。

話す際に意識するのは第2章の話し型の3つのポイントです。

①なるべく言葉をつなげて、意味のまとまりをひと息で、②抑揚をつけず、まっすぐに話す。③話す前に息を吸って、1音目にアクセントをつける。

この3つを守れば、たとえ自信がなくても、人前で自然に話すことができるはずです。

答え：あなたの話のうまさは特に必要ではありません。相手のメリットになる、あなたにしか話せない内容を届けましょう。

Q. 人見知りでも、第一印象をよくするには？

A. 〝推し〟を見ているときの表情で人と接しましょう

たとえば、かわいいペットや赤ちゃん、推しの芸能人を見ているとき――。

そんなとき、あなたの口角は知らずに上がっているはずです。

これが、相手に好印象を与えるための「いい顔」の基本です。

人見知りでも第一印象をよくするためには、まずは、このように**好きなものを見るときの表情で人と接すること**です。

相手はあなたの話す内容だけでなく、表情も見ています。

第一印象をよくしようとして、ムリにニコニコして満面の笑みを浮かべる必要はありません。

ウソの笑顔は相手にすぐバレてしまいます。

大事なのは、笑顔をつくるより「第一印象を悪くしない」という意識です。

リラックスして、ほんの少し口角を上げるだけで、相手によい印象を与えることができます。

また、コロナ禍でマスクを長く着けている生活が続いたため、表情筋が弱まり、口角を上げようとしても上がらない人もいるかもしれません。

口角が下がっていると「口ではすばらしい話をしているけれど、本心ではそう思っていないのではないか」「話しているときは笑顔だったけれど本当は機嫌が悪いのかもしれない」と相手に誤解を与えてしまう可能性があります。

口角が上がった人と下がった人、どちらと話したいかを想像してみれば、違いは明らかです。

だからこそ、口角を上げるために、74ページの「ストロー嚙み嚙みトレーニング」を試してみてください。

さらに、声のトーンも大切です。**相手より少し遠くまで声を届ける気持ちになると、自然と声のトーンが上がり、相手に好感を持たれます。**

今までにお話ししてきた深い呼吸で、意味のまとまりごとにひと息で話すようにし、表情と声の両方を使ってコミュニケーションを取りましょう。

答え：第一印象を悪くしないことを意識し、口角を少し上げた自然な表情と、エネルギッシュな声を習慣化しましょう。

Q. 初対面の人への最初のひと言に悩みます

A. あいさつの1音目をエネルギッシュにするだけで好印象！

対人関係のゴールは信頼関係を築くことです。

すべてのコミュニケーションでもっとも重要なのは、信頼を得ること。

そのためには、自然な声とつくった声とどちらがよいでしょうか？

答えは、本書でお教えしてきた、**あなたらしいリラックスした自然な声**です。

初対面の人と会話する際には、まず**「伝わる声」でハッピーな気持ちを込めてあいさつ**をしましょう。「はじめまして」の「は」の音をしっかり出すだけでも、相手にいい印象を与えられます。

たとえば、レストランやホテル、アパレルショップなどで働く人の中には、初対面なのにこちらから話しかけたくなるような人がいます。

こういう人はたいていリラックスした「伝わる声」で、あいさつや声かけをしてくれるので、信頼感が生まれます。飾らない自然な声の人に対して、人は「信頼できそう」「この人は感じがいいな」と感じて心を開くのです。

「伝わる声」を身につければ、あいさつ1つだけでも、自分から積極的に話しかけなくても、相手があなたに興味を持って自然と質問してくれます。

ですから、ムリに会話を続けようとしなくても、自然体で話すだけで十分です。

答え：「伝わる声」で自然体で話していれば、相手からどんどん話してくれます。

Q. 相手の本音を引き出して、営業を成功させるには？

A. 相手に寄り添い、話を真剣に聞いて信頼関係を築きましょう

仕事に熱心な方ほど、「早く営業の成績を上げたい」と思いますよね。しかし、営業の場面では特に、相手の信頼を得ない限り、本当の話はしてもらえません。あなた自身も、誰にでもなんでもかんでも話したりしませんよね。相手も同じで、こちらがいろいろ質問をしても、信頼がないとすべてを教えてはくれないのです。

「信頼されない人はどんな人か？」を想像してみてください。

たとえば、裏表がありそうな人、話がウソっぽい人、誠実さが感じられない人、自己中心的に話を進める人……。こうした人たちは信頼を得られません。

営業でも同じで、「自分が知りたいことをどう引き出そうか」と考えているうちは、相手に自分本位な印象を与えてしまうケースもあります。

信頼を築くためには、まず相手に寄り添い、相手の話を真剣に聞く姿勢が大切です。相手の本音を引き出すためには、こちらが相手のニーズや悩みに真摯《しんし》に向き合い、寄り添うのです。

たとえば、こんなふうに質問してみましょう。

「今、お話しいただいた○○の反響はいかがですか？」

「どのような販促をしてらっしゃいますか？」

「私たちがお手伝いできることはありますでしょうか」

こうした質問を通して、相手が求めていることを理解し、サポートする姿勢を示すと、無理なく信頼関係が築けます。

話す時間が30分ある場合、焦らずに信頼関係を築くことに集中しましょう。最初の28分はそこに集中してOKです。

信頼が深まれば、残りの2分で次のアポイントを取りやすくなります。

最終的には、相手から自然と仕事の話が出てくるでしょう。

また、本書でお伝えしてきた、**自然な「伝わる声」で話すことで、信頼構築の速度がミラクルに上がります**。

同じ内容を話していても、伝わる声は相手に「この人は信頼できる」と感じてもらえる力を持っています。あなたのナチュラルさは安心感も与えます。

結果として、より早く、相手が「一緒に仕事がしたいな」と感じるので、ビジネスの話に進むことができるのです。

答え：信頼関係を築くことに集中すれば、自然と仕事の依頼が来ます。

おわりに

あなたの声がハッピーな未来を切り開く

この本を手に取っていただき、本当にありがとうございます。

今、どんなことを考えていらっしゃるでしょうか。

「本当によくなるだろうか」「やっぱり伝えるって難しいな」「またダメだって言われたらどうしよう」――そんな思いを抱えている方も多いかもしれません。

これまで、私は多くの方々と「伝わる声」を目指して、向き合ってきました。

当初いただいたご相談は「声が出しにくい」「プレゼンで緊張する」といった具体的な課題が中心でしたが、実際にはそれだけではありませんでした。

自分を表現することへの戸惑いや、他者に思いを伝えられないもどかしさ、不安などがその背景にありました。

振り返ると、私自身もかつては自分の声に自信がありませんでした。

「この声では伝わらない」「自分をどう表現すればいいのかわからない」と感じていたのです。しかし、ボイストレーニングを通じて「伝わる声」を手に入れたことで、人生が大きく変わりました。

自然体で自分らしく声を出せるようになったとき、周囲の反応が変わり、自分自身を少しずつ好きになれたのです。

声にはそれほどの力があります。

これまで「スミヤメソッド」を実践された多くの方々が、自分の声と向き合う中で変化を実感しています。

「声に自信がつきビジネスが好転した」「人前で話すのが怖くなくなった」「声も自分も好きになれた」「人間関係がうまくいくようになった」「周りの評価が高まった」といった声をたくさんいただいています。

本書を読んでくださったあなたにも、きっと同じような変化が訪れると信じています。これまで2000人以上の方に声のトレーニングをご提供しましたが、声が変わらなかった方は1人もいませんでした。

だからこそ、あなたも必ずいい方向に変われます。そう確信しています。

1日の中で少しの時間でも、声を意識するだけで変わりはじめます。

呼吸を深くするだけでも効果的です。

ゴルフやフィットネスのように特別な場所は必要ありません。すべてを一度に完璧にしようとせず、少しずつ進めることが大切です。声を育てるプロセスは「自分を解き放つ旅」に似ています。

ムリに変えようとせず、自然体のまま、自分と向き合い成長していく。

それがもっとも人に響く声を育てる方法です。

これまで多くの方が自分の声が変わる瞬間を経験し、そのたびに表情が輝きました。自分らしい、本当に伝わる声に出会えたときの喜びは、言葉にできないほど大きなものです。それは単なる「話し方」の改善にとどまらず、自信や周囲とのつながりにもつながる素敵な変化をもたらします。

声は、外見や肩書きと同じくらいあなたの個性をもっともよく表す「音」です。その声の力を引き出すことで、あなたの思いを人にまっすぐに伝えられるようになります。

だからこそ、他人と比べるのではなく、あなただけの「伝わる声」を見つけてください。それこそが、世界で唯一無二のすばらしい声です。

この本を通じて、あなたが「伝わる声」を手に入れ、多くの人とつながれることを心から願っています。

豊かなコミュニケーションを通じて、幸せな未来を築いていきましょう。

声の力は、いつもあなたのそばにあります。

最後までお読みいただき、本当にありがとうございました。

いつかあなたと直接お会いできる日を楽しみにしています。

謝辞

本書が完成するまでに、たくさんの方々に大変お世話になりました。心より感謝申し上げます。

有働由美子さんには、新番組がはじまるご多忙な中で、帯に素敵なメッセージをいただきました。

高野登さんには、「誰かを幸せにするために書くといい」という、心に響く温かい教えをいただきました。

義村透学長には、さまざまなご相談に乗っていただきました。

ボイストレーニング受講生のみなさまが、声に向き合い、人生を変えていくいく様子を拝見し、私自身も大きな喜びと力をいただきました。みなさまのおかげで、もっと多くの方に声の力を伝えたいという思いが一層強まりました。

アップルシード・エージェンシーの鬼塚忠さん、有海茉璃さんには、本書を出版するよう後押しをしていただきました。

飛鳥新社の江波戸裕子さんには、初めて出版する私に親切に寄り添っていただきオリジナルの図や声に関する表現などをご提案いただきました。

ライターの横山瑠美さんには、本書に込めた思いを丁寧に聞いていただきました。


そして、家族のみんな、いつも支えてくれてありがとう。母、夫、そして子どもたち3人が、完成まで温かく見守ってくれたこと、感謝してもしきれません。

この本が、支えてくださったすべての方々への恩返しとなるよう、多くの方に届くことを願っています。

参考文献

・『新版　ＮＨＫアナウンス・セミナー　放送の現場から』ＮＨＫアナウンス・セミナー編集委員会編　ＮＨＫ出版
・『誰からも好かれる　ＮＨＫの話し方』一般財団法人ＮＨＫ放送研修センター・日本語センター　ＫＡＤＯＫＡＷＡ

装丁デザイン／小口翔平＋畑中茜（tobufune）
カバーイラスト／藤原なおこ
本文イラスト／みわまさよ
編集協力／横山瑠美　大西華子
校正／矢島規男
著者エージェント／アップルシード・エージェンシー

墨屋那津子（すみや・なつこ）

アナウンサー（元 NHK）／キャリアカウンセラー
石川県生まれ。NHK『おはよう日本』『ニュースウオッチ 9』ニュースリーダー、NHK E テレ『100 分 de 名著』語り手などで活躍。30 年以上にわたる幅広い経験を通じて培った「声のキャリア」と「声の原則」を基盤に、声の出し方を変えることで誰でも瞬時に「伝わる話し方」を実現する「スミヤメソッド」を確立。
「自分本来の声」を最大限に引き出し、声の力で多くの人の課題解決に貢献。人生を好転させるサポートをしている。
即効性が特徴で、「同じ話をしても印象が変わる」「滑舌が劇的に改善」「話し方に説得力がついた」と評判を呼び、口コミだけで 2,000 人以上が受講。また、カナダ・トロント大学と専修大学で実践的講義を行う。企業のコミュニケーション顧問やセミナー講師も務める。国内外の CEO、要人、アナウンサー、ナレーター、会社員、学生など幅広い受講者の声を変えてきた実績がある。
伝統工芸「真田紐」の織元の家に生まれ、2 男 1 女の母でもある。
sumiyanatsuko.jp
Instagram　@sumiyanatsuko

あなたの話が「伝わらない」のは声のせい

2025 年 1 月 31 日　第 1 刷発行

著　者　　墨屋那津子

発行者　　矢島和郎
発行所　　株式会社 飛鳥新社
〒 101-0003
東京都千代田区一ツ橋 2-4-3　光文恒産ビル
電話（営業）03-3263-7770　（編集）03-3263-7773
https://www.asukashinsha.co.jp

印刷・製本　　中央精版印刷株式会社

落丁・乱丁の場合は送料当方負担でお取り替えいたします。
小社営業部宛にお送りください。

ISBN978-4-86801-048-7

編集担当　江波戸裕子